HERRAD SCHENK

DAS LEBEN EINSAMMELN

Olga A. – Die Geschichte einer Messie

DANKSAGUNG

Ich danke meinem Freund Dr. Gottfried
Hornberger, der mich zum Schreiben dieses Buches ermutigt hat. Seine umfassen-
den Kenntnisse authentischer Fälle waren
mir eine wertvolle Hilfe.

www.beltz.de

1. Auflage 2009

© 2009 Beltz Verlag • Weinheim und Basel
Satz und Herstellung: Nancy Püschel
Druck: Druck Partner Rübelmann, Hemsbach
Bindung: Druckhaus »Thomas Müntzer«,
Bad Langensalza
Printed in Germany

ISBN 978-3-407-85885-6

INHALTSVERZEICHNIS

1. DIE MAUS

Eine Maus. Klein, graubraun, mit spitzer Nase und schwarzen Augen, Kugeläuglein stecknadelkopfgroß. Ganz bestimmt nichts Ekliges und schon gar nicht zum Fürchten. Olga und die Maus begegneten sich in der Tür. Sie hatte sich bemüht, möglichst geräuschlos aufzuschließen, war schon mit dem gezückten Schlüssel in der rechten Hand, sich mit der linken Hand an der Wand stützend, die Treppen hochgeschlichen. Einerseits der Dunkelheit wegen, sie hatte im Treppenhaus kein Licht gemacht, andererseits bildete sie sich ein, dass die Stufen weniger knarrten, wenn sie auf diese Weise ihr Gewicht stabilisierte. Und dann hörte sie, gerade als sie ihre Wohnungstür im 3. Stock erreicht hatte, von unten, vom Parterre, das gefürchtete Geräusch, Gerbsals Tür. Hörte Frau Gerbsals Schritte, die ihr treppauf folgten. Sie würde aber drinnen bei sich verschwunden sein, bevor Frau Gerbsal oben wäre. Und eigentlich konnte Frau Gerbsal sie doch überhaupt nicht gesehen haben, auch dann nicht, wenn sie Olga aufgelauert hatte. Denn im Hausflur war es dunkel – Licht von der Straße fiel nur in den wenigen Sekunden ein, da die Haustür sich öffnete. Vielleicht verbrachte Frau Gerbsal ihre Tage von morgens bis abends hinter dem Spion, oder sie hörte das Geräusch der sich öffnenden Haustür selbst dann in ihrer Wohnung, wenn man sie festhielt und ganz weich wieder ins Schloss gleiten ließ?

Die Maus schoss Olga genau in dem Augenblick entgegen, als sie ihre Wohnungstür öffnete, während die Schritte von unten sich stetig näherten. Sie schien aus einem der Pappkartons unter der Garderobe zu kommen, und sie war genauso verdutzt wie Olga selbst, die einen kleinen Überraschungslaut nicht unterdrücken konnte. Die Maus hielt sekundenlang auf der Schwelle inne, äugte flink nach rechts, nach links und flitzte dann geradeaus davon, an Olga vorbei, die Treppe hinunter, und Olga dachte, ohgottogott, wegen des unvermeidlichen Zusammenstoßes zwischen der Maus und Frau Gerbsal, während sie selber rasch in ihre Wohnung huschte, die Tür hinter sich schloss und bewegungslos verharrte.

Tatsächlich ertönte unmittelbar darauf das erwartete Kreischen, vom Treppenabsatz des zweiten Stocks, wo Müller-Markwarts wohnten, die verreist waren, wie meistens.

Eine Maus! Igittigitt, eine Maus!

Wenn Frau Gerbsal noch auf der Treppe zwischen Parterre und erstem Stock gewesen wäre, hätte die Maus ebenso gut aus Müller-Markwarts oder Fingerlings wie aus Olgas Wohnung kommen können. Nun stand zu befürchten, dass sie die Maus Olga zuordnen würde, was sie wahrscheinlich ohnehin getan hätte, obwohl es ja oberhalb von Olga noch den Speicher gab, und jeder weiß, dass Mäuse sich auf Dachböden wohlfühlen.

Das ist wirklich der Gipfel!

Schritte vor ihrer Tür, lautstarke Entrüstung: Also das geht nun wirklich zu weit! Ohrenbetäubendes Schellen, sie hält den Finger dreimal länger auf dem Klingelknopf als nötig, dachte Olga. Hoffentlich veranstaltet sie jetzt keinen Aufstand im Treppenhaus, den Fingerlings mitbekommen, deren halbwüchsige Knaben ihr seit einiger Zeit nicht geheuer waren. Sie rührte sich nicht hinter der Tür, wagte nicht mal, die Arme zu heben, um sich mit beiden Händen die Ohren zuzuhalten.

Ich weiß, dass Sie da sind, Frau Assmann!

Olgas Totstellreflex. Olga im Dunkel ihrer Höhle, eine Versteinerung, oder vielmehr ein ganz winziges flattriges Lebewesen in einem gewaltigen Kokon. Es gelang ihr sogar, das Schnaufen zu unterdrücken, das ihr noch vom Treppensteigen geblieben war. Sie war in diesem Augenblick gar nicht da.

Darüber müssen wir reden, so geht das nicht weiter, und über anderes mehr!

Noch zweimal durchschnitt das grelle, feindselige Läuten die Stille, durchdringend, dann entfernten sich Schritte und leiser werdendes Zetern treppab. Olga schob sich erst vorsichtig durch den engen Flur in Richtung Küche, als sie ganz unten die Tür gehen hörte oder zu hören meinte. Sie hatte Hunger. Eigentlich hatte sie sich als Erstes etwas zum Essen kochen wollen. Doch dazu brauchte sie Licht, das sie nicht einschalten wollte, weil es Frau Gerbsal durchaus zuzutrauen war, dass sie die Straße entlanglief bis zur Ecke, um von dort mit einem Blick nach oben zu kontrollieren, ob Olgas Küche erhellt war. Die Schlafzimmerfenster dagegen gingen zum Hinterhof, zu dem auch Frau Gerbsal keinen Zugang hatte, und außerdem waren dort die Jalousien vollständig heruntergelassen. Sie tastete in der dunklen Küche nach einer Thunfischdose, zum Glück hatte sie erst gestern zehn Dosen im Sonderangebot gekauft und die Tüte unausgepackt beim Fenster stehen lassen. Sie fand keinen sauberen Teller, also nahm sie einen benutzten von dem Stapel, der in der Spüle stand, und ließ pro forma ein bisschen Wasser darüberlaufen.

Samantha kam im Dämmern über das Dach angetänzelt, wand sich durch das einen Spaltweit geöffnete Fenster, schwang sich mit einem Satz erst auf den Küchentisch, wobei sie wundersamerweise nichts von dem Zeug umwarf, das sich dort türmte, sprang dann zu Boden und umschmeichelte schnurrend Olgas Beine. Zum Glück hatten die Katzen sie nicht an der Wohnungstür begrüßt, dachte Olga. Wo war Emilia? Sie fand den Fressnapf nicht, der unter dem Küchentisch stehen sollte, aber nicht dort stand. Während sie den Inhalt der Thunfischdose für Samantha auf den Teller leerte und für sich selbst eine neue Dose aus der Plastiktüte und einen weiteren Teller aus dem Spülbecken kramte, fielen ihr die angeknabberten Müslipackungen wieder ein, über die sie sich vor einigen Tagen gewundert hatte. Jetzt hatte sie die Erklärung. Ihre Katzen würden schon dafür sorgen, dass die Mäuse nicht überhandnahmen!

Es wurde immer unerfreulicher, tagsüber auszugehen, dachte sie, als sie Teller samt Thunfisch den schmalen Pfad durch das Schlafzimmer zu ihrem Bett balancierte. Sie mochte niemandem von den Hausbewohnern begegnen, am wenigsten Gerbsals. In der einen Hand trug sie den Teller, mit der anderen tastete sie nach dem Schalter der Nachttischlampe. Mein gutes, warmes, schönes Bett! Aufseufzend vor Erleichterung ließ sie sich zwischen das zerwühlte Bettzeug fallen. Sie stellte den Thunfischteller auf dem Fußboden ab und suchte zwischen Laken und Decken nach der Fernbedienung für den Fernseher, wobei ein paar Zeitungen, Bücher und eine angebrochene Kekspackung seitwärts zu Boden rutschten. Schließlich fand sie das Teil, in einen Pullover verwickelt, der dringend gewaschen werden müsste.

Zu müde, nochmal aufzustehen, dachte sie, viel zu müde, und schleuderte ihn in die Zimmerecke, dahin, wo ungefähr der Wäschekorb stand. Der Bulle von Tölz, genau richtig. Frisches Brot zum Thunfisch wäre fein gewesen, doch sie wusste, dass sie nur noch sehr trockenes, altes hatte. Vielleicht würde sie sich später in der Nacht noch etwas Ordentliches kochen, wenn keine Gefahr mehr im Verzug war. Falls sie nicht zu müde wäre. Sonst blieb es eben bei Thunfisch mit Keksen.

2. DIE FRÜHE RUNDE

Es ging ihr leidlich. Leidlich war genau das richtige Wort –
danke, es geht mir leidlich, seit ich diesen Job habe. Nicht dass
sie jemand gefragt hätte, aber es tat gut, sich das manchmal
selber zu sagen: dass es ihr wieder ganz gut ging, seit sie den
Minijob gefunden hatte, mit dem sie sich ein bisschen dazuverdienen konnte.

Sie war Unterverteilerin. Den Oberverteiler hatte sie noch
nie zu Gesicht bekommen. Er war wohl immer mit dem Auto
unterwegs, ohne Auto würde er die verschiedenen Stadtteile
gar nicht beliefern können. Ihre Packen hinterlegte er montags
und donnerstags hinter dem Zeitungskiosk am Herderplatz,
der um diese Stunde natürlich noch geschlossen war, und
dienstags und freitags in der Toreinfahrt zum Parkplatz des
Lidl-Marktes, gegenüber der Bushaltestelle der Linie 9. Dort
sollte sie sie Punkt fünf im Sommer und spätestens sechs Uhr
im Winter abgeholt haben.

Der einzige Nachteil war das frühe Aufstehen. Es war in
Ordnung, solange sie zwischen neun und zehn zu Bett ging
und durchschlief. Aber es gab Nächte, nach denen es ihr extrem schwerfiel, morgens auf die Füße zu kommen, so auch
heute, da sie lange wach gelegen hatte und erst eine halbe
Stunde, bevor der Wecker rasselte, in einen komaähnlichen
Schlaf gefallen war. Das Rasseln des Weckers, es war ein alt-
modischer, den man mit der Hand aufziehen musste, zerrte

sie wie an den Haaren aus tiefsten Tiefen bleierner Müdigkeit. Dumpfes Hirn, betonschwere Beine, schwerfällig am ganzen Körper. Sie hatte den Verdacht, dass sie nachts von scheußlichen Träumen geplagt wurde, an deren Inhalt sie sich zwar meist nicht erinnern konnte, die aber ihr Lebensgefühl bis weit in den Morgen hinein einfärbten.

Keine Zeit mehr zum Duschen. Sie fingerte nach einem Kleidungsstück in dem Haufen Klamotten, die am Fußende des Bettes lagen, konnte dabei kaum aus den verquollenen Augen schauen, die erstbeste Hose war die, die sie gestern getragen hatte, ausgeleiert, bequem. Und war das nicht ein Pullover, der längst im Wäschekorb sein sollte? Einmal mehr oder weniger getragen macht keinen Unterschied. Das alles musste mal gründlich aussortiert werden. Doch morgens reichten Zeit und Energie nur knapp für das Nötigste.

Feiner Regen strichelte an der Küchenfensterscheibe. Zum Glück fand sie das Wichtigste, den Schlüssel, ohne lange zu suchen, auf dem Küchentisch. Kein Schirm, sie brauchte beide Hände für die Arbeit, die Kapuze des Anoraks musste genügen. Zumindest konnte sie sich darauf verlassen, dass um diese frühe Stunde noch niemand im Treppenhaus herumlief.

Früher hatte der Oberverteiler sich, wenn etwas Besonderes anlag, telefonisch bei ihr gemeldet. Doch seit Neuestem warf er die Zettel mit seinen Anweisungen in den Briefkasten, weil ihr Telefon abgestellt war, der unbezahlten Rechnung wegen. Es konnte vorkommen, dass sie von heute auf morgen zusätzlich zwei oder drei Straßenzüge außerhalb ihres Reviers mit übernehmen musste, für eine andere Unterverteilerin, die vielleicht krank geworden war. Auch den anderen Unterverteilern war sie bisher nicht begegnet. Sie hatte ihre frühe Runde noch nie versäumt, seit sie den Job vor vier Monaten angetreten hatte.

Werden die eigentlich das Telefon automatisch wieder anstellen, wenn sie den ausstehenden Betrag gezahlt hat? Sie wollte das schon lange geklärt und schon längst das Geld überwiesen haben, doch sie fand im Schreibtischwust weder die Rechnung noch die Mahnungen. Eigentlich brauchte sie überhaupt nur noch wegen Paul ein Telefon. Warum hast du keinen Computer, Mama, dass man mal mailen kann, oder ein Handy für eine schnelle SMS? Gott behüte, sie wollte von all dem Zeug gar nichts wissen, doch inzwischen war es schon ein paar Wochen her, dass sie zuletzt von Paul gehört hatte. Bei der Telekom anrufen und nachfragen, notierte sie innerlich. Von irgendwoher schlug es fünf Uhr. Nachfragen bedeutete: während der Bürozeiten losziehen und eine Telefonzelle suchen, wo sie doch tagsüber so ungern die Wohnung verließ. Ganz bestimmt mache ich das beim nächsten Einkauf, versprach Olga sich selbst.

Noch zehn Minuten bis zum Kiosk, sie zog den leeren Trolly hinter sich her. Bislang hatte sich niemand darüber beschwert, dass sie ihn zwischendurch im Hausflur beim Eingang zur Kellertreppe abstellte, um ihn nicht immer mit hochschleppen zu müssen.

Der feine Regen hing wie ein Vorhang aus dünnen Schnüren im Lichtkegel der Laternen. Kaum Verkehr und so gut wie keine Fußgänger. Ein Lieferwagen wartete an der Ampel, als sie die Straße überquerte, auf dem Beifahrersitz bemerkte sie einen riesigen schwarzen Hund, der hinter dem ruckenden Scheibenwischer mit hechelnder Zunge konzentriert auf die nasse Fahrbahn starrte; den Fahrer neben ihm, einen kleinen Mann mit Schirmmütze, nahm sie kaum wahr.

Hinter dem Kiosk lud sie die drei schweren Zeitungspacken keuchend auf den Trolly. Das Übergewicht machte ihr vor allem beim Bücken und Heben zu schaffen. Sie war zu dick, viel zu dick, das wusste sie, in den letzten Jahren aufgegangen wie ein Hefekuchen. Der Doktor – der letzte, der sie zu Gesicht gekriegt hatte, und das war auch schon eine Weile her, ihr konnte man jedenfalls nicht vorwerfen, dass sie dem Gesundheitssystem zur Last fiel – der Doktor hatte »adipös« gesagt. Irgendwie klang das noch grässlicher als »fett«. Seitdem mied sie ihn und seinesgleichen.

Ihr Revier wurde auf der einen Seite vom Bahndamm begrenzt, auf der anderen Seite vom Autobahnzubringer. Nach Norden reichte es bis zur Mülldeponie, nach Süden bis zur Hochhaussiedlung, genau genommen schloss es die Hochhäuser ein und endete beim Altenheim am Wäldchen. Sie trug die Blätter montags und donnerstags je zwei Stunden in der einen Hälfte des Reviers aus und dienstags und freitags ungefähr einenhalb Stunden in der anderen Hälfte, das machte sieben Stunden die Woche, für fünf Euro die Stunde, also 35 Euro pro Woche beziehungsweise 140 Euro im Monat, das war mehr, als die Altflaschenfrau zusammenbekam, die jeden Tag drei bis vier Stunden unterwegs war. 140 Euro zusätzlich zum leicht gekürzten Regelsatz aus Hartz IV, plus Miete und Heizkosten, die direkt an Gerbsals gingen.

Sie war froh, eine Arbeit gefunden zu haben, bei der sie allein sein konnte, am frühen Morgen, wenn sie die Straßen im Dämmern noch weitgehend für sich hatte. Sie wich den schattenhaften Gestalten aus, die schon jetzt über die Bürgersteige hasteten, auf dem Weg zu Bus oder Straßenbahn.

Bis vor drei Jahren hatte sie in der Speditionsfirma »Walther-Transport« gearbeitet, länger als ein Jahrzehnt, und danach noch ein halbes Jahr im Büro eines Immobilienmaklers. Es schien so lange her, dass sie sich kaum daran erinnern konnte, das war damals eine andere gewesen, nicht sie. Olga Assmann, 49 Jahre, gelernter Beruf: Bürokauffrau, zur Zeit ihrer Ausbildung hatte das allerdings noch Bürokaufmann geheißen; derzeit ausgeübter Beruf: Austrägerin, Unterverteilerin, denn Sozialhilfe-Empfängerin ist kein Beruf. Vermutlich würde ihr heute niemand glauben, dass sie mal eine richtig gute Schülerin gewesen war. Sie hatte die mittlere Reife mit einem ordentlichen Abschlusszeugnis gemacht. Geschieden, zwei erwachsene Kinder, Paul, 23, wohnhaft in Sydney, Australien, und Viola, 25, in derselben Stadt ansässig wie ihre Mutter, sozusagen um die Ecke, und doch auf einem anderen Stern, jedenfalls noch weiter weg, als wenn es Australien gewesen wäre.

Olga Assmann, gefühltes Alter: 70. Aber es gab durchaus auch Phasen, in denen sie sich alterslos fühlte, wie jetzt während ihrer Runde, eine Frau ohne Vergangenheit und ohne Zukunft. Sie begann immer mit der Häuserreihe auf der rechten Straßenseite. Angenehm große Außenbriefkästen. Klapp, klapp, klapp, machten die blechernen Deckel. Manchmal, zum Glück nicht allzu oft, weil es noch so früh war, kamen ihr Leute aus den Häusern entgegen, die naserümpfend sagten: Den Schrott brauchen Sie bei mir gar nicht erst einzuwerfen, gleich in die Papiertonne damit! Olga konnte es ihnen nicht verübeln. Obwohl sie selber immer ein Exemplar des »Wochen-Kuriers« mit nach Hause nahm und sorgfältig durchsah, Ersatz für die schon lange gekündigte Tageszeitung, eines dieser kostenlosen Blätter, wenig Text, viel Werbung.

Klatsch, vier oder fünf Stück in die Toreinfahrt. Patsch, drei Stück in den Geschäftseingang. Das war erlaubt. So hatte man es ihr beim Schulungsgespräch gesagt: Sie können die Zahl der Wohnungen schätzen und die ungefähre Anzahl in die

Hauseingänge legen, wenn kein Zugang zu den Einzelbrief-
kästen möglich ist. Man kann schließlich nicht um sechs Uhr
in der Frühe irgendwo klingeln, um sich Einlass zu verschaf-
fen.

Vor dem Eingang zu den Hochhäusern blieb sie stehen, bis
ihr jemand von innen entgegenkam, der früh zur Arbeit ging
und ihr die Tür öffnete. Sie musste nie lange darauf warten.
Olga mochte die Hochhaussiedlung, weil man da gut voran-
kam, sie stopfte das Blatt zackzack hintereinander in die circa
dreißig Briefkästen in jedem der Flure, manche quollen schon
über, manche waren zerbeult und halb aufgebogen, auf vielen waren die Namensschilder mit Kuli oder Filzschrift auf
Papier geschrieben, übereinandergeklebte Zettel, viele schienen türkisch, manche russisch. Klack und stopf. Klack und
stopf. Klack-stopf, Klack-stopf. Acht Hochhäuser, in den Flu-
ren roch es penetrant nach Urin und Innen- wie Außenwände
waren mit Graffiti beschmiert.

Sie mühte sich, dem allgegenwärtigen Hundekot mit dem
Trolly auszuweichen. Leere Plastiktüten, aufgeblasen, hoppel-
ten mit den Windstößen auf dem Gehsteig vor ihr her. Bierdo-
sen, Pizzapackungen, leere Flaschen trudelten zwischen den
struppigen kleinen Büschen der Anlage, strandeten an Pflan-
zen mit ledrigen Blättern, die wie aus Kunststoff wirkten. Am
liebsten hätte sie die Flaschen selber eingesammelt, doch dazu
war keine Zeit. Sie sollte wenigstens der Altflaschenfrau einen Tipp geben, wenn sie ihr wieder mal über den Weg lief.
Es nieselte noch immer. Sie mied das Wäldchen, hinter dem
schwarz der Bahndamm aufstieg. Sie fröstelte schon nach der
ersten Stunde. Zum Glück kam jetzt der Straßenabschnitt mit
den vielen Geschäften, da konnte sie sich zügiger bewegen,
musste nicht so lange auf der Stelle stehen. Immer zwei, drei

Exemplare, platsch, platsch, auf die Stufe vor die vergitterten Glastüren.

Gewissenhaftigkeit, hatte man ihr gesagt. Das A und O sind Gewissenhaftigkeit und Pünktlichkeit. Der Oberverteiler macht zwischendurch Stichproben. Deswegen hätte sie natürlich gern gewusst, wie er aussah. Sie war aber bisher nie früh genug gewesen, um ihn beim Abladen der Zeitungsstapel abzupassen. Der Oberverteiler macht fortlaufend Stichproben, und wenn wir dahinterkommen, dass Sie Blätter verschwinden lassen, einzelne Straßenzüge oder Gebäude nicht bedienen, sind Sie den Job sofort wieder los. Es gibt genug Leute, die sich was dazuverdienen wollen, Schüler, Studenten, Hausfrauen, Rentner.

Gewissenhaft war sie. Mit der Pünktlichkeit haperte es manchmal. Immerhin war sie eine zuverlässige Unterverteilerin. Die sollten ruhig kontrollieren kommen. Gewissenhaftigkeit war ja nicht dasselbe wie Ordnung. Sie verspürte jetzt Brennen in den Füßen und Stechen in den Beinen, wie immer zum Ende hin. Sie sollte endlich andere Schuhe anziehen anstelle dieser erbärmlich schief abgelaufenen, bei dem einen war auch schon das Oberleder geplatzt. Zu Beginn der Runde schienen sie so bequem, angenehm ausgelatscht, doch auf Dauer rächte sich das. Zuletzt machte sich jedes Steinchen durch die dünne Sohle bemerkbar.

Es war kurz nach sieben, und der wunderbare Duft aus ihrer Lieblingsbäckerei verführte sie zum Stehenbleiben und Schnuppern. Ah, diese leichtsinnigen Brotkäufe, am besten war das frische Berliner Landbrot, unverzeihliche zwei Euro dreißig, das sie oft schon zur Hälfte verschlungen hatte, bevor sie wieder zu Hause war. Und dann wieder ins Bett kriechen, mit vollem, warmem Bauch, das war der beste Augenblick des

Tages, wenn sie alles getan hatte, was sie tun musste, und niemand mehr was von ihr wollen konnte, und zwei, drei Stunden Schlaf nachholen!

Schon während sie sich von der Theke abwandte, riss sie das erste Stück aus dem Brot und trat mit vollem Mund kauend aus der Bäckerei. Während sie Brot nachstopfte, fiel ihr Blick auf die große Plakatwand gegenüber, auf der anderen Straßenseite. Sie starrte. Versuchte zu schlucken, dann den Brotbrocken wieder hochzuwürgen, sie hustete, Tränen schossen in ihre hervorquellenden Augen. Na, na, sagte ein Mann, der vorüberging, eher vorwurfsvoll als mitleidig, und die alte Frau, die hinter Olga die Bäckerei verließ, machte einen großen Bogen um sie.

Von dem Plakat lachte sie eine junge Frau in einem körperbetonten roten Kleid übermütig an. Sie hatte die Hände auf die Schultern der jungen Männer gelegt, die rechts und links neben ihr standen und sie bewundernd anblickten, zwei junge gut gewachsene Männer, beide ein wenig größer als die Frau in ihrer Mitte. Besitzergreifend lagen die Hände der Frau auf den Männerschultern – oder vielleicht hielt sie sich einfach nur an ihnen fest? »Doppelt hält besser!« stand auf dem Plakat. Olga nahm nicht wahr, für was da überhaupt geworben wurde, längst verschwamm das Bild vor ihren Augen. Prinzessin!, dachte sie, mit den Tränen kämpfend.

Hustend warf sie das malträtierte Brot in die Kunststofftasche des Trollys, packte den Griff und hastete davon.

3. PRINZESSIN

So wie die Frau im roten Kleid auf dem Plakat hatte sie vor 25 oder 30 Jahren ausgesehen. Genau so war sie dagestanden, mit Lars und Uwe.

Sie war sich nicht sicher, ob das Kleid noch existierte – und wenn, dann hätte jetzt nicht mal mehr die Hälfte von ihr reingepasst. Doch die Schuhe, die roten Schuhe, die mussten noch irgendwo sein, die hatte sie ganz bestimmt nicht weggeworfen.

Fieberhaft begann Olga zu suchen, sobald sie wieder in ihrer Wohnung war. Zum ersten Mal hatte sie getan, was sie nie zuvor gewagt hatte: Sie war direkt von der Bäckerei nach Hause zurückgelaufen, hatte einfach das letzte Fünftel ihrer Runde gestrichen und die verbliebenen Exemplare des »Wochen-Kuriers« in die Papiertonne vor der heimischen Haustür gekippt. Das war ebenso dumm wie riskant. Wenn schon Straßenzüge und Gebäude auslassen, dann lieber mitten in der Runde, hier und da, nach Zufallsprinzip, dann konnte man sich zur Not herausreden, und nicht gerade den ganzen Schwanz am Schluss auslassen, den der Oberverteiler wahrscheinlich als Erstes überprüfen würde. Und wenn sie schon das belastende Restmaterial fortwarf, sollte sie es woanders entsorgen als in der heimischen Altpapiertonne, die der Oberverteiler mit einem Handgriff überprüfen könnte, falls er vorbeikam, um ihr neue Anweisungen in den Briefkasten zu werfen. Sie sollte die Zeitungen so schnell wie möglich unter anderem Altpapier begraben. So etwas durfte sie nie wieder tun! Das könnte bös enden!

Doch sie hatte einfach nicht anders gekonnt. Unmöglich mit diesem Weh im Bauch weiterzuziehen. Sie zog nicht einmal den Anorak aus, sondern begann gleich im Schlafzimmer zu suchen. So elegante rote Schuhe. Wie sehr es schmerzte, hinterrücks an ihre glücklichen Zeiten erinnert zu werden. Unten im Schlafzimmerschrank gab es eine Menge alter Schuhe, doch sie kam nicht gleich an den Schrank heran, weil sich davor diverse Kartons türmten, die wiederum von einem Haufen Klamotten bedeckt waren, den sie beiseitewischte. Die Schranktür war verklemmt, sie zog und zerrte, ein paar Motten flatterten auf. Das ganze Zeug hier müsste mal aus dem Schrank geholt und gelüftet werden, dachte Olga, als ihr Berge von Schuhen aus der plötzlich aufspringenden Schranktür entgegenfielen.

Bildschöne purpurrote Schuhe, vorne schmal zulaufend, nicht spitz, sondern trapezförmig, auch trapezförmig ausgeschnitten, mit einem mindestens fünf Zentimeter hohen Absatz. Sie hatte Kleid und Schuhe am Vorabend ihrer Hochzeit getragen, nicht die plumpen Plateausohlen, die in dieser Zeit modisch waren, sondern elegante, zierliche Absätze. Sie kniete breitbeinig am Boden, wühlte mit beiden Händen in dem Schuhhaufen. Da waren keine roten Schuhe und die gesuchten schon gar nicht.

Sie wusste, es musste noch anderswo Schuhe geben. In einem der Regale auf dem Flur? Unter dem Bett? Im Schränkchen auf dem Balkon? Am wahrscheinlichsten war der Keller. Doch der war so vollgestopft, dass es eine Angelegenheit von mehreren Tagen wäre, dort etwas zu finden.

Olga!, ermahnte sie sich, Olga! Was tust du da? Was ist los mit dir? Schwerfällig wuchtete sie sich aus dem Vierfüßlerstand hoch, stützte sich dabei am Fußende des Betts. Da lagen bestimmt dreißig Paar Schuhe, wenn nicht mehr, bunt durcheinander, sogar völlig neue, noch nie getragene darunter, die sie irgendwann als Sonderangebot auf Vorrat gekauft, für später beiseitegelegt und vergessen hatte. Von wem waren diese Männerschuhe, um Himmels willen? Das konnten doch wohl nicht mehr Uwes sein. Hatte Paul denn zuletzt schon so große Füße gehabt? Und zwei Paar winzig kleine Kindersandalen von Viola, die sie aufbewahrt hatte, weil sie so süß aussahen und Viola damals so goldig war. Was hatte sie ihrer Tochter bloß getan, dass die sie heute so hasste?

Da sie einmal dabei war, könnte sie sich ebenso gut daranmachen, in diesem Tohuwabohu nach bequemen, ordentlichen Straßenschuhen zu suchen, die zum Austragen der Zeitung besser geeignet wären als die, die sie dauernd trug. Doch erst einmal sollte sie den Anorak ausziehen. Sollte in die Küche gehen und Teewasser aufsetzen. Sie sollte ganz einfach erst mal ein bisschen zur Ruhe kommen.

Wo mochte sich das Foto befinden, an das das Plakat sie erinnert hatte? Auf dem sie das rote Kleid trug. Am Vorabend ihrer Hochzeit, mit einem übermütig glücklichen Lachen, zwischen Lars und Uwe, ihren beiden Männern, die sie in ihre Mitte genommen, die Arme um ihre Schultern gelegt hatten, während Olga beide um die Taille fasste. Meine baumlangen Kerls! Von diesen beiden beschützt, würde ihr nie wieder etwas Schreckliches zustoßen können.

Ich halte es nicht aus, daran zu denken. Und dann die roten Schuhe! Du liebe Güte! Schwer atmend saß Olga am Küchentisch, mit der dampfenden Teetasse in der Hand. Kakao wäre jetzt besser für die Seele, doch es gab schon seit einiger Zeit keinen Kakao mehr. Warum war es ihr überhaupt so wichtig, diese Schuhe jetzt zu finden? Eher unwahrscheinlich, dass sie da noch hineinpasste, denn auch Füße werden dicker, Quadratlatschen, sie werden selbst bei schlanken Menschen schon vom bloßen Altern breiter und größer. Und selbst wenn sie sich noch hineinquetschen könnte: Wo wollte sie denn hinlaufen mit den roten Schuhen?

Besinn dich doch, sagte Olga, wann hast du dich zuletzt im Spiegel gesehen? Der einzige große Wandspiegel, der im Flur hing, war schon lange mit allerlei Zeug zugestellt, und eigentlich reichte ihr doch das, was sie im Morgendämmern im Vorüberwatscheln in den Schaufenstern sah. Wolltest du mit lautem selbstbewusstem Klickklack in den roten Schuhen durch die Wohnung promenieren? Sie sah sich im roten Kleid, mit den roten Schuhen an den Füßen die Treppe hinunter auf die Straße stolzieren, sah die Verblüffung in Frau Gerbsals Miene, aber auch, wie die Fingerling-Jungen hinter ihrem Rücken ihren Gang kichernd imitierten. Die sie so vor ihrem inneren Auge posieren sah, war die Olga von früher. Die von heute wüsste gar nicht, wohin sie, so aufgemacht, gehen sollte.

Die glücklichste Zeit ihres Lebens. Als Teenager war sie doch ein unbekümmertes Mädchen gewesen wie alle anderen auch. Das diesen wunderbaren großen Bruder hatte, um den alle Freundinnen sie beneideten. Der sie immer so liebevoll neckte und »Prinzessin« nannte wie früher der Vater. Lars erfüllte ihr fast jeden Wunsch, nahm sie überall mit hin, der fünf Jahre ältere Bruder seine kleine Schwester, nahm sie mit zum Schwimmen, in den Turnverein, auf den Tennisplatz, später ins Kino, zu den Treffen mit seinen Freunden. Er erklärte ihr die Welt, gab mit ihr an, beschützte sie, wenn andere Jungs ihr dumm kommen wollten.

Als sich dann auch noch Lars' Studienfreund Uwe in sie verliebte, auch so ein lebensfroher, sportlicher Blonder, auf dem Uniball, zu dem Lars seine damals gerade 18-jährige Schwester ausgeführt hatte, schien Olga selber ihr Glück vollkommen.

Lars und Uwe waren ihr wie Leibwächter gegen heimtückische Attacken des Schicksals erschienen, damals im roten Kleid, und jetzt war es unerträglich, sich daran zu erinnern. Sie wollte die roten Schuhe gar nicht mehr finden. Sie wünschte all das herausgezerrte Schuhwerk wieder in den Schlafzimmerschrank zurück. Sie hatte zwei Tassen Tee getrunken und reichlich frisches Brot gegessen, mit dicken Wurstscheiben belegt. Sie war auf einmal schrecklich müde. Später würde sie nach bequemen Straßenschuhen suchen und all das Zeug wieder aufräumen. Erst mal eine Weile langlegen. Schlafen.

4. SCHLAFLOS

Tatsächlich verliefen die Tage leidlich, manchmal fand sie das Leben nicht mal so übel, in der täglichen Routine, die sie jetzt für sich gefunden hatte. Doch immer wieder dazwischen gab es diese scheußlichen Nächte, mit anhaltender Schlaflosigkeit und Angst im Morgengrauen.

Dann stand etwas Schwarzes im Zimmer, das wuchs um ihr Bett und stülpte sich nach und nach unaufhaltsam von allen Seiten und von oben her über sie; sie wusste nicht genau, ob sie noch träumte oder schon wach war. Sie atmete flach und flacher, um sich unsichtbar zu machen, eine feuchte Kälte kroch auf sie zu. Sie hörte beinahe ganz zu atmen auf, gleich würden unsichtbare Hände ihre Kehle umfassen und sie ersticken, sie lag wie gelähmt, wollte schreien, konnte aber nicht den winzigsten Ton hervorbringen.

Im allerletzten Augenblick: Auffahren, Licht an. Dann beruhigte sie der Anblick der vertrauten Dinge: das breite Bett mit dem gewaltigen Plumeau und dem Fernseher über dem Fußende, der wuchtige antike Schrank mit der klaffenden Tür, der Bücherstapel auf dem Nachttisch, die Schokolade. Es half, etwas Süßes zu essen, eine heiße Schokolade zu trinken oder heiße Milch mit viel Honig.

Solche gesichtslosen Angstträume hatte sie auch früher phasenweise immer mal wieder gehabt. Sie konnte sich nicht erinnern, wann sie begonnen hatten. Auf jeden Fall waren sie in den guten Jahren mit Uwe deutlich seltener gewesen. Damals brauchte sie sich nur an ihn zu schmiegen, wenn sie den leisesten Hauch einer Beklemmung spürte, dann legte er den Arm um sie, zog ihren Kopf auf seine Schulter. Hast du wieder so schreckliche Albträume, mein Kleines? Dann waren die Anwandlungen wie weggeblasen. Später, als sie es nicht mehr wagte, Uwe deswegen zu wecken, platzierte sie nur noch vorsichtig ihre Hand auf seiner Hüfte oder seinem Oberschenkel, und sich so seiner physischen Gegenwart zu versichern half auch.

Sonderbarerweise gab es nach der Katastrophe mit Lars lange Zeit keine Panikattacken, vielleicht, weil sie das Schlafen überhaupt einstellte. Damals lag sie Nacht für Nacht reglos, erstarrt, neben Uwe im Bett und wartete darauf, dass die Schlaftabletten wirkten. Wenn er morgens aufstand, frühstückte, zur Arbeit ging, befand sie sich meist noch in einer Art Koma, der starken Medikamente wegen, und wenn er abends zu ihr ins Bett kroch, stellte sie sich tot. Sie schob nicht einmal seine tastenden Hände weg, sie lag einfach da wie ein Stück Holz, bis die Schlaftabletten sie gnädig ins Nichts befördert hatten.

Später, als sie mit den Kindern wieder in ihrem Elternhaus lebte, schlich sie sich, wenn nachts die Angst kam, leise ins Kinderzimmer nebenan, um Paul und Viola beim Schlafen zuzusehen und beim Atmen zuzuhören. Da stand oder saß sie dann eine Weile, ein bisschen getröstet, und manchmal begannen Violas Augenlider zu flattern, weil sie gegen Morgen einen leichten Schlaf hatte. Dann wisperte Olga: Magst du zu Mama ins Bett kommen? Das hätte sie wohl nicht tun dürfen.

Heutzutage wälzte sich Olga fast jede dritte Nacht schlaflos unter dem voluminösen Deckbett und grübelte. Tagsüber verstand sie sich darauf, nicht nach hinten und nicht nach vorne zu schauen. Beim Lesen oder Fernsehen existierte nur das, was gerade im Buch oder auf dem Bildschirm geschah, und wenn sie unruhig wurde, suchte sie sich etwas zum Essen. Doch nachts fehlte ihr die Kraft, die Gespenster zu verscheuchen.

Manchmal konnte sie sich nicht einmal aus dem Bett rühren, sie wühlte panisch nach der Fernbedienung, fand sie nicht immer sofort. Außerdem gab es um diese Zeit ohnehin nur schreckliche Pornowerbung und grässliche Krimis.

Ihre Ehe war ganz bestimmt nicht schlechter gewesen als die anderer Leute. Wie hätte sie ahnen sollen, dass ihr Uwe ohne Lars nichts mehr bedeuten würde. Am Ende empfand sie sogar etwas wie physische Abscheu vor ihm. Sie schob das auf sein Techtelmechtel mit der Sprechstundenhilfe, von dem sie zufällig erfuhr, als sie die beiden küssend im parkenden Auto überraschte. Statt um Verzeihung zu bitten, klagte Uwe sie an: Schließlich warst du es, die nicht mehr mit mir schlafen wollte!

In dieser Zeit begann er, von »krankhafter Trauer« zu sprechen. Das Leben muss doch weitergehen, sagte er. Wie sie ihn für diesen banalen Satz hasste! Du hast doch noch mich, sagte er, wir haben Kinder, die dich brauchen.

Du hast doch noch mich.

Genau das war es, sie hatte nur noch ihn, und das war zu wenig. Obwohl sie diesen Gedanken bestimmt nie vor ihm ausgesprochen hatte, musste Uwe ihn gefühlt haben. Meinst du, es ist lustig, Abend für Abend zu Hause von einer Trauerweide empfangen zu werden? Ich kann es nicht ertragen, wie du dich hängen lässt. Das ist doch nicht normal. Selbst deine Mutter und Gesine halten sich besser als du.

Was Wunder. Gesine, ihre Schwägerin, hatte Lars gerade mal drei Jahre gekannt. Sie selber, Olga, hatte ihr ganzes Leben mit ihm verbracht.

Er war nur dein Bruder. Ich bin dein Mann!

Eigentlich konnte sie ihm keinen Vorwurf daraus machen, dass er sich von ihr abgewandt hatte. Sie hatte nicht nur ihn, sondern auch den Haushalt vernachlässigt. Sie hatte die Kinder, die sie in dieser Zeit nur schwer ertrug, immer wieder bei ihrer Mutter abgegeben. Sie war wie eine Schlafwandlerin durchs Leben gegangen, betäubt am Tag, bewusstlos in der Nacht, wochenlang, monatelang. Merkwürdigerweise hatte sie etwas wie Erleichterung empfunden, als Uwe auszog. Die Scheidung hatte sie, wenn überhaupt, nur der Kinder wegen bedauert.

Es macht ihr auch jetzt nichts aus, allein zu leben. Eigentlich entsprach diese Lebensform ihren Bedürfnissen. Es gab doch nichts mehr, vor dem sie Angst haben musste, da das Schlimmste in ihrem Leben schon geschehen war. Sie hatte sich ganz unten eingerichtet, und da ließ es sich erstaunlicherweise durchaus leben, solange man nicht vorwärts- oder zurückdachte.

Tagsüber konnte sie die Vergangenheit wegschieben. Wenn sie nachts schlaflos lag, stiegen schmerzliche Erinnerungen auf, an die für immer verlorenen guten Zeiten, Reisen mit Lars, mit Lars und Uwe durchtanzte Nächte, Viola und Paul im Sandkasten im sommerlichen Garten. Sie war sich durchaus im Klaren darüber, dass sie selber ihre Ehe zerstört hatte. Aber warum? Obwohl sie den glücklichen Jahren nachtrauerte, schien es zwingend, dass alles so hatte kommen müssen.

Gedanken an ihre Kindheit versuchte sie wegzuschieben. Doch das rote Kleid ließ Annabelle wieder auferstehen.

5. ANNABELLE

Annabelle ist Olgas Lieblingspuppe, die sie immer mit sich herumträgt. Sie hat ein rotes Kleid mit ausgestelltem Rock und einem darunter hervorblitzenden weißen Spitzenunterrock und rot und weiß gestreiften Puffärmelchen. Annabelle ist eine sprechende Puppe, die nicht nur Mama! und Bittebitte! sagen kann, sondern außerdem noch drei weitere Sätze. Niemand außer Olga besitzt so eine Puppe.

Annabelle fällt oft hin und tut sich weh. Dann tröstet Olga sie: Alles wird gut, alles wird wieder gut.

Hinter der Tür laute zornige Stimmen. Mama schreit. Papa schreit. Olga wiegt Annabelle im Arm. Annabelles helle Stimme fragt: Hat der Mond auch ein Bettchen? Keine Angst, Prinzessin, alles wird gut, flüstert ihr Olga zu. Annabelle antwortet: Ganz großes Mädchen bin ich schon. Papa stolpert vom Flur herein. Prinzessin, meine kleine Prinzessin!, sagt er mit schwerer Zunge. Alkoholdichderteufel!, ruft Mama schrill im Türrahmen hinter ihm. Papa will seine Prinzessin an sich ziehen, aber Olga hat plötzlich Angst vor ihm, weil seine Stimme so anders klingt als sonst, weil er schwankt und befremdlich riecht. Sie verkriecht sich, Annabelle unter den Arm geklemmt, in die hinterste Ecke des Kinderzimmers, noch hinter die Wand des Kasperletheaters. Untersteh dich, das Kind, in diesem Zustand …!, zischt Mama. Annabelle sagt nichts, kann nichts sagen, denn Olga hält ihr atemlos den

Mund zu. Am liebsten würde sie ihr auch die Ohren zuhalten, aber dazu hat sie nicht genug Hände. Zum Glück kommt jetzt Großmama zur Tür herein, da hören sie endlich auf zu streiten und gehen alle miteinander fort. Annabelle schlägt ihre zartblauen Augen auf und wispert: Bittebitte. Wohnen die Englein alle im Himmel?

Papa sitzt im Sessel, schluckt und weint. Nein, das kann nicht sein! Väter weinen doch nicht. Olga setzt Annabelle auf dem Stuhl neben der Wohnzimmertür ab und schleicht vorsichtig näher, ganz vorsichtig. Nein, kein Weinen. Sieht nur so komisch aus, Papa, mit vorgeschobenen hängenden Schultern, mit gesenktem Kopf vor sich hinstierend. Er bemerkt sie erst, als sie sich an seine Knie drückt. Komm auf meinen Schoß, Prinzessin! Da wäre sie am liebsten gleich wieder fortgelaufen.

Wo ist Lars? Ihr ist immer etwas beklommen zumute, wenn er nicht zu Hause ist. Olga streicht leise durch den sonnendurchfluteten Flur im ersten Stock, öffnet hier eine Schranktür, wühlt da in einer heimlich aufgezogenen Schublade, leise, ganz leise, die Erwachsenen glauben, dass sie Mittagsschlaf hält. Doch nur Annabelle liegt noch im Bett und schläft, Olga hat längst ausgeschlafen. Sie gleitet im Takt der tickenden Standuhr die Treppenstufen hinab, die Staubkörner tanzen silbrig im Sonnenlicht. Gemurmel hinter der geschlossenen Wohnzimmertür.

Kann sein, dass Lars noch in der Schule ist. Aber wieso ist dann Papa zu Hause? Hinter der Wohnzimmertür sagt Großmama was. Sagt Papa was. Mama schluchzt. Bitte nicht schon wieder! Sie hört Großmamas strenge Stimme: Das war ein Fehler. Hört Papa trotzig entgegnen: Niemand wird mich herumkommandieren wie einen Schuljungen! Dann wieder Großmama: Aber er ist dein Chef, Herbert. Und Papa, wild: Ich lasse mir nichts gefallen! Mama weint lauter: Schon die zweite Stelle in diesem Jahr! Papa sagt gereizt: Hör du endlich auf! Mama stößt schluchzend hervor: Versager!

Olga will gar nicht wissen, was dieses Wort bedeutet, sie rennt die Treppe hinauf, reißt die schlafende Annabelle aus dem Bett und versteckt sich mit ihr im Bügelzimmer, das noch hinter dem Kinderzimmer liegt, versteckt sich dort zwischen Kleiderkoffern und Wäschestapeln. Sie schüttelt Annabelle heftig vor und zurück, so dass die ganz schnell hintereinander sagt: Bittebittemamabittebitte. Ganz großes Mädchen bin ich schon. Mama bittebitte. Fast verschluckt sie sich darüber.

Es ist schrecklich leer im Haus, ohne Papa, ohne Lars. Gib mir die Puppe!, fordert Mama drohend. Du bekommst sie zurück, wenn du endlich aufgeräumt hast!

Räum auf, hab ich dir gesagt, räum endlich auf! Schon hundertmal gesagt. Olga tut, als hätte sie nichts gehört; sie sitzt inmitten all der umgekippten Spielzeugkisten und wiegt Annabelle hin und her. Bittebitte. Hat der Mond auch ein Bettchen? Keine Angst, Annabelle, alles wird gut.

Mama stürmt wie eine Furie ins Kinderzimmer, mit gerötetem Gesicht und fegt mit einem Arm das Spielzeug vom obersten Regalbrett. Diese grauenhafte Unordnung! Stößt mit den Füßen gegen die Bausteine, absichtlich, macht die ganze Stadt auf dem Teppich kaputt, den Turm, die Mauern, die Zwergenhäuser und Puppenbetten, das macht sie extra, die kleinen Legomännchen wimmern vor Schmerz, die Stofftiere, durcheinandergewirbelt, stöhnen laut auf. Manche weinen. Olga bewegt sich vorsichtig mit Annabelle unter dem Arm rückwärts unter den Tisch, aus Mamas Reichweite.

Wieso immer ich? Lars hat auch mit den Legos gespielt.

Was für ein Saustall! Wenn du nicht bis zum Mittagessen aufgeräumt hast, kommt das alles in einen Sack und du siehst es nicht wieder!

Wohnen die Englein alle im Himmel?, erkundigt sich Annabelle arglos dazwischen. Hauptsache, Annabelle kommt nicht in den Sack. Alles andere ist Olga egal.

Gib mir sofort die Puppe! Du bekommst sie erst wieder, wenn du aufgeräumt hast! Mama erwischt Annabelle bei den langen, blonden Haaren und reißt ihr ein Büschel davon aus, weil Olga nicht loslässt; Olga unter dem Tisch schreit gellend, weil es ihr für Annabelle schrecklich wehtut. Dann bekommt Mama Annabelles Kopf zu fassen und zerrt daran, während Olga mit beiden Händen und aller Kraft Annabelles Bauch umklammert hält. Plötzlich gibt es ein hässliches knirschendes Geräusch, Mama hält Annabelles Kopf in der Hand und lässt ihn vor Schreck gleich auf den Boden fallen. Olga läuft schreiend mit dem Rest von Annabelle aus dem Zimmer, zu Papa, wo ist Papa?

Später hat Papa Annabelles Kopf notdürftig wieder am Körper befestigt. Er wackelt jetzt ein bisschen. Auch trägt Annabelle seitdem immer eine Mütze, eine rote Mütze, selbst im Sommer, bei jedem Wetter, sogar wenn sie ins Bett geht, damit man die Stelle nicht sieht, wo ihre Haare ausgerissen sind. Doch Annabelle spricht nicht mehr. Sie wird nie mehr etwas sagen.

Ganz großes Mädchen bin ich schon.

6. BEI ALDI

In der Kassenschlange bei Aldi, im Einkaufswagen Spaghetti, Fertigsoßen, fünf Tomatendosen, Gebäck und Schokolade, sann Olga darüber nach, ob dies ein guter oder ein schlechter Tag sei. Meistens wusste sie das schon morgens früh, bald nach dem Aufstehen. Heute hatte es erst nach einem schlechten Tag ausgesehen, den Schal vergessen – oder verloren?, ein kalter böiger Wind, der ihr die Zeitungen aus der Hand riss, und beim Wäldchen am Altenheim war ihr im Dämmerlicht wieder dieser kleine verwachsene Mann mit dem bösen Köter über den Weg gelaufen, vor dem sie sich fürchtete. Sie fürchtete sich vor beiden, vor dem gemein aussehenden Mann, der sie aus Augenschlitzen hinterhältig musterte, genau wie vor dem Hund, der bei jedem Aufeinandertreffen kläffend auf sie losging, ebenso schief und hässlich wie sein Herrchen. Es half nichts, sich vorzuhalten, dass der ja für seine abstoßende Erscheinung nichts konnte und dass auch sie nicht gerade eine Augenweide war. Jedes Mal zitterte sie bei dem Gedanken, der wild an der Leine zerrende Köter könnte sich losreißen. Er würde den kleinen verwachsenen Mann, der ihr nur bis zur Brust reichte und sicher nicht viel Kraft hatte, mit einem einzigen Ruck umwerfen und über sie herfallen.

Dann schien es doch ein guter Tag zu werden, denn die Sonne kam heraus, sie war heute zehn Minuten früher mit ihrer Runde fertig als sonst, und auf dem Weg zu Aldi hatte sie vor dem Antiquariat in einer Grabbelkiste ein Paket mit sechs Romanen von Rosamunde Pilcher für insgesamt nur drei Euro entdeckt. Die musste sie einfach mitnehmen, und danach mit aller Vorsicht einkaufen, denn es war der 22. März, und sie hatte bis Monatsende nur noch dreißig Euro zur Verfügung.

Während die Schlange an der Kasse vor ihr stockte und sich mit ihr langsam weiter vorwärtsschob und wieder stockte, ein Kind plärrte und zwei Männer sich lautstark um das letzte Aluminiumfahrrad stritten, befingerte Olga glücklich ihre Rosamunde-Pilcher-Bände und überflog die Klappentexte. »Wechselspiel der Liebe«. Sie malte sich behagliche Nachmittage aus: auf dem Bett liegen, die Katzen auf dem Bauch, Gebäck knabbern und schmökern. Verheißungsvolle Titel: »Schneesturm im Frühling«, »Sommer am Meer«. Wenn sie einmal einen Schriftsteller entdeckt hatte, der ihr gefiel, las sie am liebsten hintereinander alles weg, was er oder sie geschrieben hatte. Sie mochte nur Autoren, deren Bücher einander ähnelten. Es sollte nie aufhören. Wenn es nichts mehr von dieser Sorte gab, fiel sie erst mal in ein richtiges Loch. »Stürmische Begegnung«, sie konnte sich die wunderschönen Landschaften, in denen diese Geschichten spielten, lebhaft vorstellen, da sie schon einige Pilcher-Verfilmungen im Fernsehen gesehen hatte.

Wie gut, dass ich Sie treffe, Frau Assmann!

Olga zuckte zusammen. Frau Gerbsal, die Dritte hinter ihr am Warenband, mit einer falschen Freundlichkeit in der Stimme, die ihr wie eine Faust in die Magengrube fuhr.

Sie waren wohl viel unterwegs? Ich muss dringend etwas mit Ihnen bereden.

Frau Gerbsal beugte sich weit vor, sie hing fast mit der Brust in den fremden Einkäufen, damit sie um die beiden Frauen, die zwischen ihr und Olga standen, herumreden konnte. Honigsüß. Falsch wie Falschgeld.

Bitte warten Sie einen Augenblick am Ausgang auf mich.

Olga schwitzte; sie fühlte, wie der Schweiß unter dem Haaransatz hervorbrach und in einem Schwall das T-Shirt unter den Achselhöhlen durchnässte. Sie riss sich zusammen, brachte die Rosamunde-Pilcher-Bücher in der Plastiktasche des Trollys in Sicherheit, wandte Frau Gerbsal den Rücken zu und hielt sich mit den Händen am Einkaufswagen und mit starrem Blick geradeaus an der Kassiererin fest. Sie war nicht besonders sorgfältig angezogen, dieser alte Anorak, der weite dunkelgrüne Pullover, die Jogginghose – eine der wenigen Hosen, die ihr überhaupt noch passten – war im Schritt aufgescheuert, doch das konnte zum Glück niemand unter Pulli und Anorak sehen. Nie mehr würde sie bei dieser Aldi-Filiale in der Nähe ihrer Wohnung einkaufen! 13 Euro 78. All den fremden Blicken ausgesetzt, beflissen und dabei schrecklich umständlich, mit rotem Kopf, suchte sie das Kleingeld zusammen und schämte sich, dass sie die Frau an der Kasse und die ganze Schlange hinter sich warten ließ.

Es gibt ein Problem, sagte Frau Gerbsal, ihren Einkaufswagen auf Olga zustoßend. Sie war eine hagere Erscheinung, seriös gekleidet, im dunkelblauen Hosenanzug, normal und anständig, ein Kurzmantel mit Pelzbesatz darüber. Wahrscheinlich doch Kunstpelz, dachte Olga und tat sehr beschäftigt mit dem Umräumen ihrer Einkäufe in den Trolly.

Bei Müller-Markwarts an der Küchendecke, genauer zwischen Küche und Bad ist ein nasser Fleck. Sieht nicht so aus, als ob das von außen käme.

Olga blieb stumm. Warum konnte sie Frau Gerbsal nicht in die Augen sehen. Sie benahm sich wie ein albernes kleines

Mädchen, das von der Lehrerin zur Rede gestellt wird. Wieder in flagranti beim Abschreiben erwischt! Wieder mal ohne Hausaufgaben! Dabei hatte sie in ihrer Schulzeit kaum jemals abgeschrieben, viel zu viel Angst, und aus demselben Grund war sie so gut wie nie ohne Hausaufgaben gewesen.

Kann es sein, dass bei Ihnen in letzter Zeit mal die Badewanne übergelaufen ist? Oder das Spülbecken in der Küche?

Olga, stumm, schüttelte wild den Kopf. Ihr fiel ein, dass sie ihr Haar seit mindestens einer Woche nicht gewaschen hatte, sie warf fettige Strähnen hin und her. Und beim Friseur (16 Euro der Billigschnitt) war sie schon wie lange nicht gewesen? Frau Gerbsals Dauerwelle erschien makellos, ein bisschen wie die Drahtwolle, mit der Olga angebrannte Töpfe scheuerte. Oder vielmehr: in früheren Zeiten gescheuert hatte. Heutzutage ließ sie sie einfach mit Wasser gefüllt stehen.

Sind Sie ganz sicher? Oder ein verstopfter Abfluss?

Olga, keines Wortes mächtig, schüttelte mechanisch den Kopf.

Könnte ja sein, dass ein Rohr in der Wand undicht ist. Wir müssten mal den Installateur vorbeischicken. Sind Sie morgen Vormittag zu Hause?

Panik. Panik. Panik. Plötzlich hörte Olga sich reden; ihre Stimme kam ihr zur Hilfe, sie klang völlig normal und sagte ganz von selber sehr Vernünftiges, genau das Richtige: Morgen leider ein Arzttermin, unaufschiebbar, wahrscheinlich den ganzen Vormittag, bei ihm weiß man nie, trotz Termin, stundenlang im Wartezimmer. Die Worte perlten. Und nachmittags, setzte sie gleich hinzu, nachmittags … leider nachmittags auch nicht, leider. Verabredung mit … mit Kollegin. Früherer Kollegin.

Dann übermorgen?

Olga fühlte Frau Gerbsals misstrauischen Blick auf ihrem fettigen Haaransatz, aus dem die Schweißtropfen sich kitzelnd einen Weg bergab bahnten.

Übermorgen früh muss ich zu meiner Weight-Watchers-Gruppe, behauptete Olga wie aus der Pistole geschossen. Was für gute Ideen sie hatte, lauter ehrenwerte, glaubwürdige Beschäftigungen, denen sie tatsächlich schon lange nachgehen sollte. Dabei ging es Frau Gerbsal überhaupt nichts an, wie sie ihre Zeit verbrachte.

Weight-Watchers, ach ja? Frau Gerbsal betrachtete Olga von oben bis unten, als wolle sie zum Ausdruck bringen, dass die Gruppensitzungen offenbar bisher wenig Resultat zeitigten. Also übermorgen Nachmittag, zwei Uhr, stellte sie knapp fest, nickte flüchtig und schritt eilig davon, ihr vermutlich mit Kunstpelz besetzter Kurzmantel wippte nachdrücklich.

Olga stand um Atem ringend und sah ihrem Rücken nach, sie tat vorsorglich ein paar Schritte in die entgegengesetzte Richtung und blieb wieder keuchend stehen. Mayday! Mayday! Sie hatte vor Kurzem im Fernsehen einen Film über den Untergang der Titanic gesehen. Rosamunde Pilcher war in fernste Horizonte gerückt. Sie musste Frau Gerbsal einen angemessenen Vorsprung lassen, dann so schnell wie möglich nach Hause, ihre Wohnung in Ordnung bringen. Ihr blieben nur heute und morgen und zwei Nächte plus ein kleiner Vormittag. Nach menschlichem Ermessen war das gar nicht zu schaffen.

Auf halber Strecke besann sie sich, machte kehrt und lief noch einmal zu Aldi zurück; ihr war eingefallen, dass sie jede Menge scharfer Putzmittel brauchen würde. Dann zur Telefonzelle bei der Post, telefonische Krankmeldung beim Oberverteiler, für zwei Tage, Magen-Darm-Grippe, dreißig Euro weniger in diesem Monat und jetzt noch für sieben Euro Scheuerpulver.

Also doch ein schlechter Tag, ein verdammt schlechter Tag. Mayday! Mayday!, heulten Olgas innere Sirenen und wollten sich gar nicht beruhigen, auf dem ganzen Weg nach Hause nicht. Sie übertönten alle vernünftigen Gedanken und machten es vorerst unmöglich, eine ordentliche Strategie zu entwickeln. Wie sollte sie das bloß schaffen!

Meistens trogen die Vorzeichen am Morgen eines Tages eben doch nicht.

7. AUFRÄUMEN, ERSTER TAG

Das einzige Zimmer, das sie mit Sicherheit nicht betreten würden, war das Schlafzimmer; also musste das Schlafzimmer noch gründlicher genutzt werden. Auch der Balkon schien ihr einigermaßen sicher, falls sie nicht auf die Idee kämen, durch das Wohnzimmerfenster zu schauen. Der Balkon war nämlich schon bis zur Höhe der Brüstung mit Zeug vollgestopft, über das sie vor einiger Zeit, damit es nicht nass würde, eine Kunststoffplane gebreitet hatte.

Die Wohnung war von Anfang an zu klein gewesen, das war Olgas Problem, schon beim Einzug war nicht annähernd genug Platz, auch wenn Viola damals rigoros ausgemistet hatte. Immerhin hatten sie ein ganzes Haus auflösen müssen, mehr als ein halbes Jahrhundert von Mutters und Großmamas Habe. Eigentlich konnte Olga froh darüber sein, dass sie hier nur über knapp 50 Quadratmeter verfügte; wäre die Wohnung größer gewesen, hätte sie kein Anrecht auf Wohngeld – oder schon längst umziehen müssen. Blieb das merkwürdige Phänomen, dass das Zeug, mit dem sie in dieses Haus gekommen war, sich inzwischen auf mysteriöse Weise vervielfacht hatte.

Ob sie die Jalousien unten lassen sollte, um die Aussicht auf den Balkon zu blockieren? Doch das wirkte wohl eher verdächtig am helllichten Tag, und der Installateur würde Licht brauchen.

Auf keinen Fall verzetteln!, mahnte Olga sich nervös. Um Himmels willen systematisch vorgehen!

Also erst mal der Flur – sie würden durch den Flur ins Bad und in die Küche gehen. Daraus folgte, dass alles, was im Flur an den Wänden gestapelt war, ins Schlafzimmer wandern musste; die Hälfte der Klamotten musste von der sich bauchenden Garderobe weg, mitsamt den reichlich zehn Regenschirmen, von denen mindestens die Hälfte kaputt waren. Komisch war das mit Regenschirmen, kaum besaß man mal einen heilen, ließ man ihn unweigerlich irgendwo stehen und nahm stattdessen einen kaputten fremden mit nach Hause.

Wie sollte sie bloß all den Flurkrempel im ohnehin schon überfüllten Schlafzimmer unterbringen? Hauptsache, ein Zugang zum Bett blieb frei. Wenn sie es ein bisschen nach vorne zöge, ergäbe sich zusätzlicher Stauraum zwischen Bett und Wand, begrenzt durch die Dachschräge. Während sie, nach praktischen Lösungen suchend, das Bett umkreiste, stolperte sie über die Schuhe, die nun schon seit Tagen vor dem Schrank lagen. Sie versuchte, sie mit Tritten unter das Bett zu befördern, was nur bedingt gelang. Da hatte sich wohl schon anderes eingenistet.

Sie fing mal wieder am falschen Ende an, vergeudete Zeit und Kräfte. Es war nicht sinnvoll, sich als Erstes den Flur vorzunehmen, den freizuräumen schien noch die leichteste Übung. Bad und Küche waren die eigentlichen Problemzonen. Womöglich war tatsächlich der Abfluss der Badewanne verstopft. Wie sollte sie das wissen, sie hatte sie seit Monaten nicht benutzt, da sich dort das ungespülte Geschirr türmte. Also erst mal Wasser einlaufen lassen, um die eingetrockneten Speisereste ein bisschen aufzuweichen! Im allerletzten Augenblick drehte sie den Kran hektisch wieder zu, weil ihr in der Wanne das eine oder andere Teil ins Auge sprang, das besser nicht nass werden sollte: Bücher, angebrochene Medikamentenpackungen, Pantoffeln, Strümpfe und Unterhosen, die wie das Geschirr einer Wäsche harrten, ungeöffnete Briefe. Die Waschmaschine in der Ecke war schon lange kaputt, kein Geld für die Reparatur, geschweige denn für eine neue. Überraschung! Da war ja auch die lang gesuchte letzte Mahnung der Telefongesellschaft!

Es würde Stunden dauern, bis sie das Geschirr eingeweicht, gespült, abgetrocknet hätte, viele kostbare Stunden, die sie nicht hatte. Schließlich waren da noch die Küche und das Wohnzimmer, überall mussten die Böden freigelegt und gewischt, die Teppiche gereinigt werden.

Am liebsten hätte sich Olga angesichts der sie von allen Seiten umzingelnden Anforderungen einfach in ihr Bett verkrochen und getan, als sei sie nicht da. Doch wenn es ihr jetzt nicht gelang, ihre Wohnung in einen präsentablen Zustand zu bringen, wäre eine Katastrophe gewiss, und dann wäre auch das Bett kein sicherer Ort mehr.

Sie musste jetzt einen klaren Kopf behalten.

Sie musste jetzt ganz effizient und pragmatisch vorgehen.

Emilia kam hereinspaziert und sah sich interessiert im verwüsteten Badezimmer um. Entscheidungen mussten getroffen und Prioritäten gesetzt werden.

Das heißt, erst einmal mussten Emilia und Samantha gefüttert werden. Du hast es beim Einzug doch auch geschafft, dachte Olga, während sie »Schmackhafte Häppchen von Kaninchen, Geflügel und Karotten« mangels Teller auf eine am Boden liegende Plastiktüte löffelte. Da bist du doch auch mit allem fertiggeworden. Doch damals war sie zwei Jahre jünger und um einiges leichter gewesen, und außerdem hatten Paul und Viola ihr geholfen. Vor allem Viola war unschlagbar, was zügige Entscheidungen anging.

Eine große Traurigkeit überkam sie, wie immer, wenn sie an ihre Tochter dachte. Deswegen begann sie hektisch, das Geschirr aus der Badewanne, ungespült, wie es war, in die Küche zu tragen. Sie stapelte es mitsamt den festgeklebten Speiseresten in den verschließbaren Küchenschrank. Was noch an den Tellern hing, war längst so trocken, dass es nicht mehr riechen würde. Dafür mussten allerlei Gegenstände, die sich in Abwesenheit des Geschirrs in den Fächern angesammelt hatten, zusammengedrückt und zurechtgestupst werden, hinten unten knirschte etwas, splitterte und brach entzwei. Bagatellen. So was musste man jetzt ignorieren. Was sie nicht im Küchenschrank unterbringen konnte, wanderte ins Wohnzimmer. Ganz bestimmt hatte Frau Gerbsal kein Recht, in ihre Schränke zu schauen.

All das andere Zeug, das noch im Badezimmer herumlag, stopfte Olga, ohne sich lang mit Feinheiten aufzuhalten, in die robusten schwarzen Müllsäcke, die zu kaufen ihr glücklicherweise vorhin bei Aldi noch eingefallen war. Dreißig Stück. Das sollte doch reichen. Keuchend zerrte sie die Müllsäcke ins Schlafzimmer, wo der Stapel zwischen Bett und Dachschräge anwuchs.

Sie arbeitete bis zum Umfallen, und tatsächlich war am frühen Nachmittag die Badewanne leergeräumt und der Badezimmerfußboden so weit freigelegt, dass sie sich an das Schrubben der Wanne machen konnte, eine unerfreuliche Unternehmung, kopfüber gebeugt. Was, wenn sie mitten im Aufräumen von der Anstrengung einen Schlaganfall bekäme?

Sie würde die Reinigung der Badewanne auf morgen früh verschieben, wenn sie ausgeruht war, und jetzt erst mal Grund in die Küche bringen. Ihr fiel ein, dass sie seit dem Frühstück nichts gegessen hatte, sie starrte wild in den weit aufgerissenen Kühlschrank, kein verlockendes Angebot, keine Zeit, sich etwas warm zu machen. Damals hatte Uwe ihr, als er die gemeinsame Wohnung verließ, seinen Abschiedsbrief im Kühlschrank hinterlassen – »Da konnte ich mir wenigstens sicher sein, dass du hinschaust und er nicht im Wust untergeht!« Sie hatte das als boshaft empfunden, zumal sie zu dieser Zeit weder übermäßig unordentlich noch zu dick gewesen war. Außerdem war es Viola gewesen, die den Zettel gefunden hatte.

Da ist ein Brief von Papa im Kühlschrank, soll ich mal vorlesen? »Ich habe mich entschlossen, mit der Frau zu leben, die mich liebt.« Was soll das heißen, Mama? Viola weinte.

Uwe war nicht etwa zu seiner Sprechstundenhilfe gezogen, sondern zu Gerda, seiner Tennispartnerin, die er ein Jahr später heiratete. Auch dafür war Olga selbst verantwortlich, weil sie Uwe nach Lars' Tod nie mehr zum Tennis begleitet hatte. Gerda war früher manchmal im gemischten Doppel für die Schwägerin Gesine eingesprungen, als die wegen Schwangerschaft und Babyzeit ausfiel, und später spielte sie eben mit Uwe weiter, als Lars nicht mehr da war und Olga nicht mehr mitkam.

Weg damit, weg damit! Aufgewühlt biss sie in eine große Fleischwurst, während sie weiter herumlief und aufräumte. Der Küchenschrank war zum Platzen voll, doch einige Lebensmittel, die herumlagen, ließen sich sicher in den Kasten unter der Spüle stopfen. Dem Spülbecken war vermutlich auch mit scharfen Scheuermitteln nicht mehr zu helfen; es schien unwiderruflich in verschiedenen Farben angelaufen. Das könnte Ärger geben. Vielleicht sollte man etwas abgewaschenes Geschirr, wie gerade benutzt, dekorativ ins Becken platzieren, um das zu kaschieren? Halt! Halt!, erinnerte sich Olga, der Installateur wird in den Kasten unter der Spüle kriechen, also wieder heraus mit dem ganzen Zeug!

Aber die Speisekammer. So eine Speisekammer, 1 × 1 Meter, mit einer richtigen Tür davor, war ein Geschenk. So weit von der Spüle entfernt, dass sie dort nicht nach feuchten Stellen suchen würden. Dort könnte man allerlei unterbringen. Zwei Ersatzklobrillen, preisgünstig auf Vorrat gekauft, Plastikeimer und -schüsseln, mit und ohne Inhalt, Blumenübertöpfe in allen Größen, Schuhe, angebrannte Pfannen, mehrere Stapel Yoghurtbecher. Olga war eine gewissenhafte Mülltrennerin. Die beachtliche Sammlung von Eierkartons wollte sie schon lange der Eierfrau auf dem Markt gebracht haben, immer ein bisschen Hemmungen, weil sie selbst ihre Eier nun schon seit Jahren beim Discounter kaufte. So viele Konservendosen, die waren in der Speisekammer ja zu Hause, man müsste nur gelegentlich mal das Verfallsdatum kontrollieren. Leere Flaschen, leere Flaschen, leere Flaschen, in Körben, in Tragetaschen aus Plastik und Stoff, welche Fundgrube für die Altflaschenfrau, mal abgesehen davon, dass sie das Pfandgeld selber ganz gut gebrauchen konnte. Die Altflaschenfrau hatte früher übrigens auch einen Bürojob, hatte sie Olga letzte Woche erzählt. Es gab auch jede Menge nicht etikettierter halbvoller Flaschen mit Was-auch-immer darin, zwei noch nicht ausgepackte Einkaufstüten, zehn Paar Gummihandschuhe, mehrere Pakete Kerzen.

Weg mit dem Zeug, Mama!, hörte sie Violas eifernde Stimme, weg mit dem Müll, Müll, Müll! Sicher, du hast völlig recht, mein Kind, aber vorher muss ich die Dinge mal in Ruhe aussortieren. Sie kam zügig voran, nahezu alles, was sich auf Ablagen und Fußboden tummelte, fand in der Speisekammer Platz. Allerdings ließ sich am Ende deren Tür nicht mehr schließen. Wenn man nur einen Schlüssel hätte, wäre das Problem gelöst, einfach ein bisschen dagegenstemmen, Schlüssel umdrehen, fertig. Es gab aber keinen Schlüssel.

Eine Weile stand Olga ratlos vor der klaffenden Speisekammertür. Dann kam ihr die Idee, den Küchentisch davorzuschieben, der war sicher schwer genug, sie zuzuhalten, nicht ganz, doch es funktionierte, sobald sie noch einen schweren Pappkarton unter den Küchentisch und gegen die Speisekammertür gerückt hatte. Eine Tischdecke darüber – fertig! Zwar ein eher unkonventioneller Standort für einen Küchentisch, vor allem angesichts der Leerstelle auf der anderen Seite des Raums, wo er sich gewöhnlich befand. Olga löste das, indem sie ein paar Deckelkartons aus dem Flur auf den freien Platz schob und eine weitere bunt gemusterte Tischdecke darüberbreitete, einen Stuhl einladend daneben postiert.

Fensterputzen. Der Abend war fortgeschritten, schon nach zehn Uhr, sie war so viel körperliche Arbeit nicht gewohnt und völlig erschöpft, jeder Knochen tat ihr weh. Eigentlich hatte sie die späte Stunde, sobald sie die anderen Hausbewohner im Bett vermutete, dazu nutzen wollen, unbeobachtet noch ein paar leere Umzugskartons aus dem Keller zu holen. Doch es wäre ein Risiko, diese Aktion vor Mitternacht zu starten. Gerbsals gingen gegen 23 Uhr schlafen, doch wenn Herr Fingerling Spätschicht hatte, war er meist erst nach 24 Uhr zu Hause. Und sie konnte einfach nicht mehr.

So legte sie sich, wie sie war, in voller Montur auf das Bett, zog die Decke über und war im Handumdrehen eingeschlafen. Gegen halb fünf Uhr morgens, ihre übliche Zeit, erwachte sie mit einem Schrei. Zum Glück konnte sie sich nicht erinnern, was sie geträumt hatte, doch es war, als hinge ihr noch der modrige Geruch des Gartenhauses in der Nase.

Raus jetzt, raus, Olga! Es blieben ihr nur noch heute und morgen zum Aufräumen.

8. DAS GARTENHAUS

Der Geruch des Gartenhauses. Erde und Laub. Frühling und Herbst. Schimmel, Rost und Moder. Fusel. Abgestandener Rauch von Papas Zigaretten. Wochenlang vergessene Brennnesseljauche. Farbreste in trocknenden Eimern. Über allem der eigentümlich strenge Geruch von alten Geheimnissen. Im Halblicht von Großmamas Gartenhaus spielt das kleine Mädchen gern. Eigentlich ist es kein richtiges Gartenhaus, sondern ein ganz gewöhnlicher Schuppen, am Ende des großen Gartens, hinter den Bäumen, ein Schuppen mit einer kleinen, behelfsmäßig ausgebauten Kammer. Nach dem Krieg haben hier ein oder zwei Jahre eine Flüchtlingsfrau und ihre drei Kinder samt der Schwiegermutter gehaust, seitdem sagen alle »das Gartenhaus«. Hier gibt es unendlich viel zu entdecken für Olga, ausrangierte Möbel, kaputtes Gerät, das niemand mehr braucht, von Spinnwebnetzen überzogene Holzkisten. In der Kammer findet sie es behaglich. Da steht vor einem der beiden kleinen Sprossenfenster, blind vor Schmutz, ein ausrangierter gemütlicher Ohrensessel, davor ein niedriges rundes Tischchen. Hier sitzt Papa manchmal, wenn er allein sein und nachdenken will. Hier richtet Olga für Annabelle und zwei, drei andere Puppen Teegesellschaften aus. Rundum liegt der Staub, denn Mama weigert sich, sauber zu machen: Das ist sein Revier. Um irgendwas kann er sich schließlich auch kümmern. Papa bemerkt den Dreck wohl gar nicht. Olga liebt es, sich im Gartenhaus zu verstecken und zu stöbern, in Papas Nähe.

Was machst du, Papa?

Ich denke nach, Prinzessin.

Über was?

Manchmal antwortet er: Über dies und das. Manchmal: Über das Leben im Allgemeinen und Besonderen. Wenn er gut gelaunt ist, sagt er lachend: Wenn ich das wüsste, dann müsste ich ja nicht mehr darüber nachdenken.

Danach ist sie nie wieder im Gartenhaus gewesen. Soweit sie weiß, ist sie nicht einmal mehr in den hinteren Teil des Gartens gegangen, in Sichtweite des Gartenhauses. Doch so kann es nicht wirklich gewesen sein, man musste ja notgedrungen manchmal in den Hintergarten. Später, als sie mit den Kindern in Großmutters Haus zurückkehrte, nach der Trennung von Uwe, war der hintere Teil des Gartengrundstücks längst verkauft und der Schuppen abgerissen. Wo einst das Gartenhaus war, hatten fremde Leute ein Zweifamilienhaus errichtet.

Wollen wir uns ein Eis holen?, fragt Lars.

Aber ich hab kein Taschengeld mehr. Du denn?

Null. Aber ich weiß, wie wir ganz schnell Eisgeld zusammen kriegen. Nach dem Mittagessen, am Gartenhaus. Kein Wort zu Mama.

Lars erscheint mit fünf Jungens aus seiner Klasse, die kichernd und Steine kickend unter den Bäumen stehen bleiben, während er Olga den Plan erklärt.

Du stellst dich auf Papas Sessel. So kann ich alles gut überblicken. Ich zähle laut bis zehn. Dann lässt du den Rock wieder runter, und er muss sofort rausgehen. Du brauchst keine

Angst zu haben, ich passe gut auf. Natürlich musst du vorher den Schlüpfer auszuziehen.

Olga findet nichts dabei. Lars ist ja bei ihr, er hält sein breites Gesicht, die platt gedrückte Nase dicht an das Fenster gepresst, sie sieht sein aufmunterndes Grinsen etwas verschwommen, weil das Glas so verdreckt ist, und hört ihn laut und siegesbewusst zählen: Eins! Fünf! Neun! Zehn! Raus! Seine Klassenkameraden treten einer nach dem anderen ein, mit roten Köpfen, nachdem sie Lars ihre zwanzig Pfennig an der Tür ausgehändigt haben. Sie bleiben meist beim Eingang stehen, trauen sich nicht nah heran. Olga hat ihre kleine, bunt geblümte Unterhose über eine Sprosse der Leiter gelegt, die neben Papas Sessel an der Wand lehnt. Sie balanciert auf dem Sessel, einen Fuß nach vorne und einen nach hinten gestellt, hält das Röckchen adrett mit beiden Händen hoch, eine Prinzessin-Ballerina. Später wird sie noch manchmal an ihre Unterhose auf der Leiter denken. Alle Jungen halten sich brav an Lars' Regeln, denn er ist stark und überragt sie sämtlich. Ihr großer Bruder, er passt auf sie auf. Es dauert kaum mehr als fünf Minuten.

Schau her! Eine Mark! Für jeden von uns eine große Waffel mit fünf Kugeln!

Er ist zwölf oder dreizehn und sie sieben oder acht Jahre alt. Sie haben schon lange nicht mehr gemeinsam in der Badewanne gesessen.

Danach träumte sie oft vom Gartenhaus, auch heutzutage noch. Doch meistens hat sie nur ein vages Gefühl, als hätte sie im Traum vor der Tür des Gartenhauses gestanden. An anderes kann sie sich nicht erinnern. Ganz selten sieht sie, wenn sie in Panik aufwacht, diese Tür vor sich, eine grobe Holztür, raue, längs angeordnete Bretter, mit zwei Querbalken unten und einem Querbalken oben, die von innen mit einer Kette verriegelt ist. In ihren Träumen ist die Türklinke abgebrochen und das Guckloch auf Augenhöhe von innen mit einem großen Papierpfropfen verklebt. Das speckige Fenster an der Seite ist so schwarz, dass man nicht hindurchschauen kann.

Ein komischer Geruch im Gartenhaus, irgendwie unangenehm, süßlich, eklig.

Der muss von einem toten Tier stammen, das sich hier irgendwo zum Sterben verkrochen hat, sagt Papa und beginnt zu suchen, Möbel und Eimer, Kartons und Säcke, gefüllt mit Ich-weiß-nicht-was, beiseitezuschieben. Tiere verstecken sich gern zum Sterben. Sieh mal, Prinzessin, da ist ja meine alte Munitionskiste; ich dachte, die hätte ich ordnungsgemäß abgeliefert, natürlich ist nichts mehr drin, weder Munition noch Butterbrot, und außerdem gibt es ja auch kein Gewehr mehr, mit dem man schießen könnte. Es wird eine tote Katze sein. Ein Mäuschen ist zu klein, das würde nicht so stinken.

Papa sitzt in diesen Tagen oft im Gartenhaus. Um in Ruhe zu lesen, erzählt er Olga. Sie weiß aber längst, dass er hier Mutters oder Großmutters Vorhaltungen entgehen will. Das Leben im Allgemeinen und Besonderen. Sie riecht den Alkohol, auch wenn er die Flasche Korn jedes Mal, wenn sie kommt, schnell unter den Sessel schiebt. Inzwischen weiß sie Bescheid.

In der Gefangenschaft haben wir manchmal Mäuse gegessen, wenn wir sie zu fassen bekamen, gar nicht so einfach, erzählt er. Wir haben Lebendfallen gebastelt. Mäuse sind liebenswürdige kleine Tiere und schmecken auch nicht anders als Hähnchen oder Bratwurst, vielleicht sogar besser, nur dass weniger an ihnen dran ist.

Was machst du hier, Papa?, fragt sie.

Ich lese, erwidert er, mit dem Buch »Hunde, wollt ihr ewig leben« auf den Knien.

Aber es ist doch schon ganz dunkel, du kannst doch gar nichts mehr sehen.

Ich denke über das nach, was ich gelesen habe. Was in dem Buch steht, weiß ich schon auswendig.

Die Worte »Krieg« und »Gefangenschaft« stehen für etwas, das Olga unheimlich ist. Papa ist nur ein halbes Jahr im Krieg gewesen, da war er erst neunzehn, gar nicht so viel älter als Lars jetzt, und anschließend vier Jahre in russischer Gefangenschaft. Deswegen, erklärt Großmama, kann er sich nicht richtig einfügen. Das macht die Gefangenschaft aus den Männern. Dabei hat er noch Glück gehabt, dass sie ihn am Ende haben laufen lassen, sagt Großmama. Dein Opa Wilhelm, mein Mann, hatte nicht so viel Glück.

Lars meint, Großmama und Mama hätten um die Wette gewartet, wer von ihren beiden Männern zuerst aus Russland zurückkommt. Eigentlich müsste sich Mama doch freuen, dass sie gewonnen hat. Sonst hätte es keinen Lars und keine Olga gegeben.

9. AUFRÄUMEN, ZWEITER TAG

Dies war der erste Arbeitstag, an dem sie ihrem Job nicht nachkam. In den vergangenen vier Monaten war sie immer eine gewissenhafte Austrägerin gewesen, sie hatte sich niemals zuvor krank gemeldet.

Höchste Zeit, die leeren Kartons zu besorgen, bevor die anderen Hausbewohner wach würden. Zerschlagen, mit schmerzendem Rücken, schlich sie sich die Treppen hinunter. Zur gewohnten frühen Morgenstunde fühlte sie sich einigermaßen sicher. Im Keller brauchte sie allerdings endlos lange, bis sie sich zu den zusammengefalteten Umzugskartons vorgearbeitet hatte. Sie konnte nur elf Stück hervorzerren, um die restlichen zu erreichen, hätte sie den gesamten Verschlag ausräumen müssen. Schnaufend trug sie je drei Kartons auf einmal hoch – viermal laufen, beim letzten Gang kündete Radiomusik aus der Fingerling'schen Wohnung das Erwachen des Hauses an.

Sie war erschöpft, ehe der Tag richtig begonnen hatte. Beinahe wäre sie in Tränen ausgebrochen, als sie feststellte, dass die Fenster in Badezimmer und Küche aussahen, als seien sie nie geputzt worden, eigentlich kein Wunder, da sie sie in schwarzer Nacht bearbeitet hatte. Immerhin standen jetzt auf den abgewischten Regalbrettern im Bad nicht viel mehr Tuben und Töpfe und Tiegel herum als bei anderen Leuten, wenn sie sich auch nicht damit aufhalten konnte, bei jedem einzelnen

Teil herauszufinden, ob es wirklich dahin gehörte. Im Wohnzimmer dagegen musste noch einiges geschehen.

Was sie so alles gesammelt hatte, in Plastikeimern, Holzkästen, Stoffbeuteln, Pappschachteln, neben und hinter dem Sofa, zwischen Sideboard und Tür. So viele hübsche kleine und größere Blechkistchen. Die Korkensammlung im Schuhkarton. Walnüsse, ein paar Jahre alt. Fotoalben, bloß jetzt nicht hineinschauen, sie würde sie sichtbar obenauf in die aufgeräumte Küche legen, für später, wenn wieder Ruhe herrschte. Flitschgummis, brüchig vom Alter. Von der Ansichtskartensammlung, drei Jahrzehnte alte vergilbte Städtepanoramen, könnte sie sich trennen, sobald sie die Urlaubskarten von Lars herausgesucht hätte. Ihr großer Bruder war auf dem Motorrad durch ganz Europa und halb Afrika gedüst. Sie hatte seine Abenteuerlust bewundert, ihn in Gedanken überallhin begleitet, als sie schon Mutter kleiner Kinder war, ganz brav, ganz häuslich.

Unmengen leerer Batterien, die wollte sie schon längst entsorgt haben, Muscheln, in Holland gesammelt. Auf Walcheren? Nein, Egmont aan Zee, Sommer 1986, Paul zwei und Viola vier, so süß beide, Kinderknuddelalter. Wie glücklich sie damals war. Die Ferienwochen sind in diesen Muscheln enthalten, vielleicht rauschen sie noch, wenn man sie ans Ohr hält. Mit den Kindern und Uwe, Lars kam damals ein paar Tage zu Besuch, Höhepunkt der Ferien, noch ohne Gesine. Erst ein oder zwei Jahre später stellte er sie anlässlich von Großmamas Geburtstag der Familie vor. Neugierig waren sie alle, brandneugierig, zumal er ja schon einige Freundinnen gehabt und ziemlich schnell wieder verworfen hatte.

Kastanien, schwarzbraun verschrumpelt, die kann man doch nicht einfach wegwerfen, sie hatte sie noch mit den Kindern gesammelt, um kleine Tiere und Männchen daraus zu basteln.

Was Großmama und Mutter betraf, hätte Gesine sein können, wie sie wollte: klein oder groß, dick oder dünn, hübsch oder hässlich, dumm oder klug – sie waren entschlossen, sie zu mögen, weil sie schwanger war und weil feststand, dass das Kind, das sie in ein paar Monaten zur Welt bringen würde, ein Junge war, Lars' Sohn.

So viele Gläser ohne Deckel und Deckel ohne Gläser, und fest verschraubte Gläser ohne Aufschrift mit schwarzem zähflüssigem und giftig gelbem dünnflüssigem Inhalt. Man sollte meinen, irgendwelche der Deckel müssten auf irgendwelche der Gläser passen, vergeudete Zeit, sie gab es abrupt wieder auf.

Auch sie hatte sich bemüht, Gesine zu mögen, um Lars' willen, und es lag auch nicht an Gesine, dass es ihr so schwer wurde, denn die war eine Stille, die kaum redete und Lars den Vortritt ließ. Es lag an Großmama und Mutter, an ihrem Gewese um Baby Valentin, während Paul und Viola auf einmal nicht mehr zählten. Da wiederholte sich etwas, das Olga einen Stich gab. Als Kind hatte es ihr nichts ausgemacht, immer die zweite Geige zu spielen, doch die gleiche Zurücksetzung ihrer Kinder wollte sie nicht dulden. Es kränkte sie umso mehr, als gerade eine längere Periode eines selten entspannten Verhältnisses zu Mutter und Großmama hinter ihr lag, die übrigens mit der Geburt ihrer Kinder begonnen hatte.

Da waren nur noch vier leere schwarze Müllsäcke.

Und jede Menge überquellender Müllsäcke, voll von Krempel, den sie ja tatsächlich wegzuwerfen bereit war. Doch wie dieses Zeug die Treppe runterbefördern, ohne dabei von Gerbsals beobachtet zu werden, und dann wohin damit, wo die Gemeinschaftsmülleimer vor dem Haus zwei Tage vor der vierzehntägigen Leerung ohnehin fast platzten? Sie sollte die Säcke mit den Sachen, die sie behalten wollte, irgendwie kennzeichnen, damit sie sie später von denen mit dem Unrat unterscheiden konnte. Hätte sie ein Auto gehabt, hätte sie sie irgendwohin fahren und entsorgen können. Ihr gesamtes weiteres Leben würde nicht ausreichen, um ihre sämtlichen Sammlungen zu sortieren.

Gib es auf, Olga. Gib es einfach auf. Sie war so müde. Aber es half nichts. Weitermachen.

Steine, in mehr als drei Jahrzehnten auf Reisen und Spaziergängen zusammengetragen. Die kostbarsten stammten von Papa und Lars. Einige hatte ihr Hans Walther geschenkt. Solche makellosen flachen Kiesel auf dem Grund eines Gebirgsbachs, sagte er, geben mir ein Gefühl von Ewigkeit. Dass die vielleicht schon seit Jahrtausenden dort liegen und immer noch liegen werden, wenn wir schon lange tot sind, das macht uns so klein und unwichtig. Klein und unwichtig schien von jetzt aus gesehen diese Beziehung, die immerhin ein Jahrzehnt ihres Lebens bestimmt hatte. Ich bin nicht gut im Schenken, hatte er ihr gleich zu Beginn treuherzig erklärt. Warum hatte sie seine Steine nicht gleich weggeworfen, sofort danach, als es zu Ende war?

Hinter dem Sofa stieß sie auf Violas Puppen, Pauls Kuscheltiere. Eines Tages würde ihre Tochter vielleicht kommen und ihre Puppen mitnehmen wollen, für ihre eigenen Kinder, die sie vielleicht doch noch haben würde, noch konnte man das nicht ganz ausschließen, und dann wäre sie glücklich, dass ihre Mama sie aufbewahrt hatte. Ihre eigene Mutter hatte die Sprechpuppe Annabelle eines Tages einfach weggeworfen, ohne Olga zu fragen. Es war ein Fehler gewesen, sich in Violas Leben einzumischen. Sie hätte sich nicht abschätzig über Violas Freundin äußern dürfen.

Gehetzt, schrecklich gehetzt fühlte sich Olga. Auch hungrig, obwohl mehr müde als hungrig, und scheußliches Kopfweh. Seit Stunden hatte sie das Gefühl, die vielen Dinge nur von rechts nach links zu schieben und umgekehrt, es wurden dabei immer mehr, das Chaos um sie herum schwoll zugleich mit dem in ihrem Kopf an. Klumpert – Ramsch – Gedöns!, hörte sie Großmama rufen. Dreck und Mist! Alles in den Sack! Weg mit Schaden! Was sie brauchte, waren noch mehr leere Behälter, Kisten, Körbe, Kartons, am besten stapelbar. Kein System. Auch ihr Leben hatte kein System. Kein Gerüst mehr, an dem man sich festhalten konnte.

Die Stunden rasten bedrohlich voran, auf den Handwerkerbesuch zu, während Olga, zunehmend erschöpft, im Sumpf ihrer Siebensachen versackte. Ihrer Siebenhunderttausendsachen. Sie streckte sich auf dem Sofa aus, nachdem sie alles, was sich darauf befand, zu Boden gefegt hatte, mitten in die Steinsammlung.

Ihre Mutter saß ihr gegenüber im Sessel, schweigend und düster, es war die alte Mutter, die sie nach dem Schlaganfall gepflegt hatte. Plötzlich war auch Hans Walther wieder da, der sie in dem edlen kleinen Restaurant, während sie sich an ihn lehnte, mit Scampi fütterte. Sehr konzentriert fasste er die rosaroten Tiere mit Zeigefinger und Daumen am Schwanz, tunkte sie in den Knoblauchdip und schob sie sanft zwischen Olgas Lippen. Allein zu Hause lebte er überwiegend von Bockwürsten aus der Dose und Pflaumen aus dem Glas, die er unter Sauerrahm rührte. Dann saß da wieder die Mutter, der Olga ungeduldig Löffel voll Kartoffelbrei in den Mund schob, du warst immer Papas Tochter, sagte die Mutter anklagend und presste die Lippen verweigernd zusammen. Tränen liefen ihr aus beiden Augen die schlaffen Wangen hinunter. Sie hatte ein böses starres und ein ängstliches, hin und her huschendes, wie fliehendes Auge. Nie hast du dich bemüht, mich zu verstehen. Hans Walther nahm immer denselben Teller, dasselbe Glas und dasselbe Besteck, und spülte alles gleich nach dem Essen sorgfältig ab. Wie ordentlich er war, dachte Olga, als die Bilder sich verwirrten. Schließlich saßen sie sich am festlich gedeckten Tisch gegenüber und beäugten einander, die ganze Familie und die Neue. Der Beilagenlöffel für den Rotkohl fehlt!, beanstandete Großmama, die sich betont liebenswürdig mit Gesine unterhielt, und Olga, die aufsprang, um den Löffel zu holen, stieß versehentlich ihr Rotweinglas um. Du Trampel!, rief Großmama barsch, als sei sie noch ein dummes, kleines Ding, und das vor Gesine, die doch bloß ein Gast war.

Olga erwachte nachmittags um drei. Sie sah sich verschreckt um im Wohnzimmer, das ihr wüster erschien als je zuvor, und sie hatte nur noch diesen Nachmittag und die eine Nacht und einen kleinen Vormittag. Unaufhaltsam nahten die drei apokalyptischen Reiter in Gestalt von Herrn Gerbsal, Frau Gerbsal und dem Installateur.

Es war ein Fehler, sich die Dinge einzeln anzusehen, die wegmussten, das war wie mit dem Wald und den Bäumen. Sie sollte tief Luft holen, einen großen Abstand nehmen, die Augen zusammenkneifen, bis sie keine Details mehr wahrnahm, keine laut rufenden Dinge, die ihre Lebensgeschichte erzählen wollten. Sie durfte nur noch das große Ganze sehen. Eine Struktur musste her, und sobald die sich zeigte, musste man sich ihr bedingungslos unterwerfen.

Olga ging, um Kräfte zur Beschwörung der Struktur zu sammeln, in die Küche, die verglichen mit dem Wohnzimmer einen wunderbar übersichtlichen Eindruck machte, und holte sich Schokolade. Das heißt, sie wollte sich Schokolade holen, doch die Vorräte befanden sich in der Speisekammer, und sie konnte es nicht riskieren, den Küchentisch von der Speisekammertür wegzuziehen. Sonst würde ihr deren gesamter, gestern unter großen Mühen dort verstauter Inhalt entgegenfallen. Es war ein schrecklicher Gedanke, aber sie würde bis nach dem Handwerkerbesuch auf Schokolade verzichten müssen.

Plötzlich war das Bedürfnis nach Vollmilch-Nuss-, Ingwer-Trüffel-, Sahne-Cappuccino-Schoko so gewaltig und verzehrend, dass sie drauf und dran war, alles stehen und liegen zu lassen, um zur Tankstelle zu laufen. Zum Glück fand sich auf ihrem Bett noch eine angefangene Prinzenrolle. Sie wäre am liebsten dort liegen geblieben und hätte dem Wohnzimmer für alle Zeit den Rücken gekehrt.

Ach Olga. Es war schrecklich, so allein zu sein, niemanden zu haben, niemanden.

Jaja gut, ich hab euch, sagte sie zu Samantha, die am Bett entlangstrich und im Vorübergehen ihre Krallen an Großmamas altem Mahagonischrank schärfte. Neuerdings hielt sie sich am liebsten zwischen den Kleiderkartons hinter dem Bett auf, ein interessanter Urwald, man hörte sie dort leise rumoren und schnurren. Ich will nicht undankbar sein. Ich bin sehr froh, dass es euch gibt. Sie war nahe daran, wieder einzuschlafen, es ging ihr so vieles durch den Kopf, dem sie gern in den Schlaf entkommen wäre. Doch dann raffte sie sich tapfer auf zu einem weiteren Angriff auf das Wohnzimmer.

Spät in der Nacht hatte sie keine Behältnisse mehr, in denen sie weiteres Sammelsurium verschwinden lassen konnte. Immerhin waren sämtliche alten Zeitungen gestapelt, zwei Meter hoch, zwischen zwei ebenso hohen Bücherstapeln. Der

Wohnzimmerfußboden war weitgehend freigelegt und zur Belohnung war ein traurig verfleckter, ehemals champagnerfarbener Teppich zum Vorschein gekommen. Was hatte sie bloß geritten, eine so alberne, unpraktische Farbe zu wählen? Vermutlich hatte Viola sie schick gefunden, und zu Violas minimalistisch möblierten hohen Räumen passte sie auch. Den Teppich einfach umdrehen, die Unterseite ist sicher weniger verfleckt, doch das ließ sich nicht ohne weiteres bewerkstelligen, wegen der zahlreich herumliegenden Müllsäcke und Kartons. Außerdem war sie auf die originelle Lösung verfallen, ihre Kopfkissenbezüge als Stoffsäcke zu nutzen. Wohin mit diesen Behältnissen, die sich beim besten Willen nicht mehr ins Schlafzimmer zwängen ließen?

Es war nach Mitternacht und Olga mehr tot als lebendig, als ihr im Wachschlaf der gute Gedanke kam, die überzähligen Säcke und Kartons vorübergehend eine Etage höher, auf dem kleinen Treppenabsatz vor der verschlossenen Tür zum Dachboden zu deponieren. Das würde Frau Gerbsal morgen im Eifer des Gefechts bestimmt nicht auffallen.

Denn ein schmaler Gang zu ihrem Bett musste frei bleiben. Das Bett war ein heiliger Raum, die innerste Windung des Schneckenhauses.

Sie stellte den Wecker auf sechs Uhr. Diesmal konnte sie nicht gleich einschlafen. Steine, überall Steine. Hans Walthers Steine mussten weg. Sie wälzte sich unruhig, sah wieder das Hinterzimmer im Büro, seine Steinsammlung auf der Kommode ausgebreitet. Da waren der Plattenspieler und der kleine Kühlschrank in der Ecke, da war die rote Sitzgarnitur auf dem rot und schwarz gemusterten Orientteppich, und da lag sie selber nackt auf dem Sofa hingebreitet, fünfzehn Jahre jünger, mit Rubensfigur, eine andere Frau.

10. HANS WALTHER

Seine Liebe zu den Steinen hatte sie gerührt. Im Büroalltag war er distanziert, meist etwas hölzern, höflich und korrekt. Wenn er mit ihr allein war, wurde er erstaunlich lebendig, beinahe temperamentvoll, zärtlich und zuwendungsbedürftig. Ihr kam es vor, als hätte er niemanden auf der Welt als sie. Sie hatte immerhin noch die Kinder. Es war fast immer der kleine Raum hinter dem Chefzimmer, gelegentlich eine Dienstreise; gemeinsame Wochenenden, zum bloßen Vergnügen, konnte sie an einer Hand abzählen. Doch so etwas war für sie, der Kinder wegen, ohnehin nur selten möglich. Sie musste ja schon die vielen Überstunden vor der Mutter tarnen, Fortbildung, stöhnte sie dann, die Umstellung auf den Computer ist furchtbar kompliziert!

Als Olga bei Walther-Transport anfing, zunächst als Halbtagskraft, doch bald schon, als Assistentin der Geschäftsführung, ganztags, war Viola zehn und Paul acht Jahre alt. Seit Violas Geburt war sie nicht mehr berufstätig gewesen. Nachmittags kümmerten sich Mutter und Großmama um die Kinder, und sie war froh, in ihren Beruf entfliehen zu können. Denn Großmamas Haus ließ sie wieder zum kleinen Mädchen werden.

Anfangs genoss sie die Rolle der Geliebten. Unter Hans Walthers Blick fühlte sie sich wieder jung und begehrenswert, nach den Jahren der Versteinerung. Sie sah noch recht gut aus, ein wenig üppiger, aber keineswegs dick, und Hans Walther pries ihre barocken Formen. Er war zwanzig Jahre älter als sie, doch das störte sie nicht. Er hielt sich gut, wenn er auch zunehmend leicht vornübergeneigt ging, er war groß und schlank, hatte ein vornehmes Gesicht und schöne Hände. Merklich alt an ihm waren nur die dünne pergamentene Haut seiner Unterschenkel und seine hässlichen Füße, aber die musste sie ja nicht dauernd anschauen. Sie sah ihn insgesamt nicht unbedingt gern nackt, auch nicht in der Unterhose, sie mochte es am liebsten, wenn er angekleidet war und sie auszog, dann war er wie in Trance, und sie berauschte sich an seiner Hingabe.

Jetzt dachte sie nicht mehr gern an Sex mit Hans. Es war ihr peinlich, sich daran zu erinnern, wie verrückt er nach ihr gewesen war und wie sie selber es genossen hatte, sich von ihm lieben zu lassen.

Es schien nur eine Frage der Zeit, wann er die Scheidung einreichen und sie heiraten werde. Er selber stellte es als ziemlich wahrscheinlich dar, dass seine Frau über kurz oder lang ihre Freiheit ganz zurückwolle, nachdem sie zunehmend weniger Zeit mit ihm verbrachte. Frau Walther lebte im Sommer monatelang in einem Ferienhaus an der ligurischen Küste und zwei bis drei Wintermonate in einer Eigentumswohnung in Kitzbühel. Seine Ehe, sagte Hans Walther, bestehe eigentlich, seit die Kinder erwachsen seien, nur noch auf dem Papier. Deswegen müssten sie beide auch kein schlechtes Gewissen seiner Frau gegenüber haben. Sie nähmen ihr nichts weg.

Meistens liebten sie sich in der Firma, abends, wenn alle anderen Mitarbeiter fort waren, auf dem Sofa im kleinen Zimmer hinter dem Chefzimmer, in dem er gelegentlich auch übernachtete. Meine Studentenbude, sagte er. Dort lag sie auf dem Sofa, nackt, manchmal mit einem Kaschmir-Plaid bedeckt,

und er kniete vor ihr, meine Venus!, sagte er, meine Göttin! Sie
tranken Sekt oder Rotwein, nahmen gelegentlich einen kleinen Imbiss dabei. Meist war es Olga, die als Erste aufbrechen
musste. Wo bist du so lange gewesen, fragte ihre Mutter lau-
ernd. Großmama hatte ihren besonderen Milchreisauflauf gekocht, die Kinder hatten längst gegessen und waren schon auf
dem Weg ins Bett. Jahresbilanz, sagte Olga dann, oder Um-
satzsteuervorauszahlung oder einer dieser Kundenbesuche, die
dauern und dauern, Herr Walther brauchte mich wegen der
Unterlagen.

Er ging herum wie einer, der sich überflüssig fühlt auf der
Welt, obwohl er doch der Chef war, und in dieser Rolle durchaus selbstbewusst, klar und fordernd und manchmal sogar ein
bisschen arrogant. Vielleicht hatte er sich in sie verliebt, weil
sie seine Einsamkeit dahinter hatte wahrnehmen können. Seine Frau verachte seinen Beruf und die Firma, erklärte ihr Herr
Walther, sie empfinde seine Art des Geldverdienens als ple-
bejisch und lasse ihn dauernd fühlen, wie wenig empfänglich
er für Kunst und Kultur und die höheren Dinge des Lebens
sei. Dabei las er, anders als Uwe, alle Bücher, die Olga ihm
schenkte, und manchmal sprachen sie auch darüber.

Sie wäre gar nicht auf die Idee gekommen, ihn in puncto gemeinsame Zukunft unter Druck zu setzen, zumal sie den Kindern nicht noch einmal eine grundlegende Veränderung ihrer
Lebensverhältnisse zumuten mochte. Herr Walther schien die
meiste Zeit nicht einmal wahrzunehmen, dass sie die Mutter
zweier Schulkinder war, insbesondere die Mutter einer heftig
pubertierenden Tochter, die ihr zu Hause das Leben schwer
machte. Später, dachte Olga, wenn die Kinder groß sind. Dann
würde sie ohnehin aus Großmamas Haus ausziehen. Und auch
er sprach von einem Später, mit mehr Zeit füreinander, wenn

er sich aus der Firma zurückziehen werde. In all den Jahren unternahmen sie nur drei- oder viermal etwas gemeinsam mit den Kindern, schon weil Olga vermeiden wollte, dass die zu Hause zu viel erzählten. Ein Gang in die Eisdiele, ein Besuch im Zirkus, der eine Katastrophe gewesen war, weil Viola sich extrem feindselig ihm gegenüber aufgeführt hatte, und noch irgendetwas. Vergnügungspark? Eisrevue? Wahrscheinlich war es ähnlich unerfreulich gewesen.

Die Beziehung schien ihr auf Dauer angelegt. Denn er war nicht nur süchtig nach ihrem Körper, sondern verließ sich auch im Arbeitsalltag zunehmend auf sie. Also so denkst du in dieser Angelegenheit, sagte er immer mal wieder, ich glaube, ich werde deinen Rat befolgen, aber kein Wort darüber zum Junior, er sieht das nämlich ganz anders. Das schmeichelte ihr. Erst später kam ihr der Gedanke, dass er womöglich die ganze Zeit nur nach eigenem Gutdünken entschieden hatte und ihr bloß das Gefühl geben wollte, wichtig zu sein.

Bald nach Pauls Abitur, Viola lebte schon nicht mehr im Hause und Mutter und Großmama hatten längst aufgehört, Olgas lange Arbeitstage zu kommentieren, übergab Hans Walther die Firma an seinen Sohn. Just in dieser Zeit begann Frau Walther, erneut die Nähe ihres Mannes zu suchen. Sie mochte auf einmal nicht mehr ohne ihn im Haus in Ligurien wohnen, er sollte ihr dort Gesellschaft leisten, und sie fand die Winteraufenthalte in Kitzbühel allein langweilig, da sie nicht mehr Ski laufen konnte. Sie wollte auch ihre Freunde in aller Welt nicht mehr allein besuchen, entweder er begleitete sie, oder sie blieb bei ihm zu Hause. Auf einmal schien also diese Ehe, die jahrelang nur auf dem Papier existiert hatte, höchst lebendig wieder aufzuerstehen. Obwohl diese Veränderungen sich über einen gewissen Zeitraum ankündigten, begriff Olga ihre Tragweite erst, als Hans Walther ihr explizit den Laufpass gab.

Das kam völlig unerwartet für sie. Sie könnten sich nun ohnehin nicht mehr viel sehen, erklärte er, da er nur noch ein, zwei Tage pro Woche in der Firma und seine Frau meistens zu Hause sei. Ein solches Doppelleben sei für ihn in seinem Alter zu schmerzlich; in dieser Lebensphase müsse er vor allem seinen Frieden mit seiner Frau machen, der er über lange Zeit großes Unrecht zugefügt habe. Sie, Olga, sei noch so jung, sie gehöre einer anderen Generation an und habe ihr Leben noch vor sich.

Olga war nur noch ein einziges Mal in die Firma gegangen, um ihren Schreibtisch leer zu räumen. Die verbleibende Arbeitszeit ließ sich mit dem Resturlaub verrechnen. Sie hatte gar nichts gefühlt, nicht einmal Wut. Mutter hatte keine großen Nachfragen wegen ihrer Kündigung angestellt; sie war damals zu sehr mit Großmamas Tod beschäftigt.

11. IM STEINKREIS

Hier kann sie niemand sehen. Niemand kann sie hören. Sie ist gar nicht da. Sie hockt regungslos auf ihren Fersen, mitten im Steinkreis, und atmet die kühle, feuchte Luft ein. Die winzige Lichtung im Gebüsch ist ihr Geheimnis. Zwar grenzen die Büsche an die Wiese, wo Mutter bei gutem Wetter die Wäsche aufhängt. Doch kein Erwachsener käme hier rein, und es gibt auch nur eine einzige Stelle, an der Olga auf allen vieren ins Dickicht kriechen kann. In der Mitte kann sie sogar aufrecht stehen, ohne dass ihr Kopf über die Büsche ragt. Doch am besten ist es, am Boden zu hocken, alle Steine um sich gebreitet.

Stein und Bein. Stock und Stein. Zauberstein, klein und fein. Sie sortiert sie neu, nicht nach der Größe, sondern nach ihrer Farbe und Beschaffenheit. Dann legt sie sie wieder sorgfältig im Kreis um sich herum aus. Das Muster ist sehr wichtig, auch muss der Abstand zwischen jedem Stein und seinen Nachbarn genau gleich groß sein. Andernfalls würde eine gefährliche Lücke entstehen, durch die etwas Böses eindringen könnte.

Die meisten Steine sind kinderfaustgroße Kiesel, glatt und grau, wie leicht gequetschte Eier, nur dass man Eier nicht quetschen kann. Daneben gibt es auch raue, eckige, kantige Steine mit feinen farbigen Maserungen, die manchmal erst sichtbar werden, wenn sie darauf spuckt und die Spucke verreibt.

Sie wiegt sie einzeln in der Hand, schnüffelt daran, drückt sie sich gegen Stirn und Wange: erst kalt, nackt, nach einiger Zeit nehmen sie dann Olgas Wärme an. Den schönsten, in Schwarztönen schimmernd, hat ihr Papa geschenkt. Ob der wirklich aus Russland stammt? Sie besitzt auch verschiedene Glassplitter, die sind grün, braun, blau, und ein paar graublaue Keramikscherben.

Im Gebüsch, zwischen den leise sich wiegenden Blättern, ist es schattig und riecht nach Erde. Von weit her hört sie Großmamas Stimme, die Olga! ruft, Olga! Lars ist der Einzige, der ihr Versteck kennt, er ist schon zu groß, um sich noch hier hereinzuzwängen, doch er würde sie nie verraten. Über ihr landet ein schwarzer Vogel, zwitschert erregt und fliegt wieder davon. Ein Regenwurm windet sich dicht neben ihrer linken Sandale aus seinem Erdloch. Ein dicker Mistkäfer pflügt sich raschelnd durchs verrottete Laub. Vor all dem hat sie keine Angst. Hier hat sie nie Angst.

Lars: in der Schule.

Papa: abgängig. So nennt Großmama das, wenn er für zwei, drei Tage verschwunden ist, einfach nicht nach Hause kommt.

Mama: im verdunkelten Elternschlafzimmer auf dem Bett. Man darf sie nicht stören, weil sie Migräne hat. Spiel im Garten, Kind, sagt Großmama in der Küche, die Töpfe wütend herumstoßend, dein Vater ist mal wieder abgängig und deine Mutter hat Migräne. Ich rufe dich, wenn das Essen fertig ist.

In der Nacht ist sie wie so oft von dem Krach wach geworden, Vaters Brüllen, Mutters Klagen. Sie liegt mit angehaltenem Atem und wartet darauf, dass Großmamas kalte Stimme dazwischenschneidet. Wenn es gar nicht aufhören will, schleicht sie auf Zehenspitzen zu Lars, der erst wach wird, wenn sie zu ihm ins Bett krabbelt. Schlaf einfach weiter!, sagt er und hebt für sie das Plumeau, während nebenan ein Stuhl umkracht. Die Haustür knallt. Jetzt ist erst mal wieder paar Tage Ruhe, murmelt Lars und schläft schon wieder.

Olga hockt auf den Fersen im Steinkreis, vornübergebeugt, und kitzelt den Regenwurm, als er sich ganz aus dem Loch geschlängelt hat, mit der Haarsträhne, die ihr quer über dem Gesicht hängt. Er rollt sich erschrocken zusammen und gräbt sich wieder ein. Wenn ich Regenwurm wäre, würde ich auch Erde essen und dann in dem Loch verschwinden, das ich dadurch mache, dass ich die Erde auffresse. Erde riecht gut. Wenn ich ein Regenwurm wäre, würde sie mir auch schmecken. Ich würde mir ein großes Loch fressen, einen langen, tiefen Gang unter der Erde, bis zu meinem kleinen Erdhaus. Da hat der Regenwurm sein kleines Zimmer drinnen, mit einem Bett und einem Tisch, mit allen seinen Sachen. Sie versucht, mit der braunen Flaschenscherbe den Gang des Regenwurms aufzugraben, um sein Haus zu finden. Doch das wird nach einer Weile langweilig, weil nichts kommt als wieder nur Erde, und der Regenwurm ist verschwunden.

Olga! Mittagessen! Wo bleibst du denn?

Also ist Lars inzwischen von der Schule heimgekommen. Sie nimmt vorsichtig drei Steine auf, damit sie den Kreis rückwärts verlassen kann, wie gut die sich zwischen ihre Hände schmiegen, und legt sie, nachdem sie herausgekrochen ist, sorgfältig wieder an ihren Ort zurück. Dann krabbelt sie tief gebückt auf allen vieren aus dem Gebüsch heraus. Es wird Ärger wegen der dreckigen Strumpfhose geben.

12. AUFRÄUMEN, LETZTER TEIL

Auch wenn der Steinkreiszauber nicht mehr funktionierte, jedenfalls nicht gegenüber Handwerkern und Vermietern, würde sie es nicht fertigbringen, sich von der Steinsammlung zu trennen. Hans Walthers Steine wollte sie wegwerfen, aber um die auszusortieren, brauchte es ein bisschen Zeit.

Olga erwachte nach kurzem, flachem Schlaf, ängstlich und nervös. Dabei hatte sie es doch eigentlich geschafft. Es war doch wirklich nicht mehr viel zu tun. Sie inspizierte Flur, Bad, Küche, Wohnzimmer – und fand, dass die Wohnung seit ihrem Einzug nicht mehr so übersichtlich und manierlich gewirkt hatte. Natürlich gab es diverse Provisorien, für die sie später bessere Lösungen finden müsste. Doch für heute, für die Begehung durch die Vermieter, würde es reichen. Die Struktur war da.

Nur blöd, dass sie den Schlafzimmerschlüssel nicht fand. Es gab einen, sie hatte ihn sogar vor kurzem noch in der Hand gehabt. Sie hätte den Raum gern sicherheitshalber abgeschlossen. Allerdings hatte niemand das Recht, ungefragt in ihr Schlafzimmer zu schauen.

Statt nach dem Schlüssel zu suchen, sollte sie sich lieber noch um ein paar Kleinigkeiten kümmern. Zum Beispiel um den verfleckten Teppich im Wohnzimmer. Als sie ihn umzudrehen versuchte, stieß sie darunter auf eine Mappe mit alten Kinderbildern, Weihnachts-, Geburtstags- und Muttertagsgeschenke,

Kopffüßler und Dampfschiffe von Paul, Pferdebilder von Viola. »Das Pferd und seine Reiterin, für die liebe Mama von Viola, die Reiterin bin ich!« Obwohl sie einen schmerzlichen Stich fühlte, beschloss sie, die wiederentdeckten Kinderbilder als gutes Omen zu nehmen. So wanderte sie durch die Wohnung und befestigte die schönsten von ihnen an den wenigen freien Stellen an den Wänden, vor allem in der Küche.

Da er sich nicht wenden lassen wollte, musste sie den Teppich wohl reinigen. Und die Fenster noch einmal putzen. Der Teppichschaum befand sich vermutlich irgendwo in der Speisekammer oder im Regal auf dem Balkon, Bereiche, die jetzt nicht mehr zugänglich waren. Also musste sie los, um neuen zu kaufen. Jetzt blieben ihr nur noch zehn Euro bis Monatsende. Zum Glück war sie beim Aufräumen unverhofft auf allerhand vergessene Konservendosen gestoßen, von denen sie in den nächsten Tagen leben konnte.

Sie verließ das Haus offen, ohne sich zu verstecken, schließlich hatte sie verkündet, dass sie am Morgen zu den Weight-Watchern gehen werde. Damit das glaubwürdig wirkte, sollte sie eine angemessene Weile fortbleiben, frische Luft würde ihr gut tun nach den anstrengenden Tagen und vielleicht die Anspannung mindern. Es war ein freundlicher Vorfrühlingstag, Wölkchen am Himmel, ein leichter Wind ging, doch die Sonne wärmte schon, hoffnungsfrohes Wetter, und es war ein sonderbares Gefühl, fast wie Feiertag, am helllichten Vormittag durch das Wäldchen zu spazieren, ohne den Trolly mit Zeitungen hinter sich herzuziehen.

Am Spielplatz vor den Hochhäusern blieb sie eine Weile stehen und sah einer Gruppe kleinerer Kinder zu, die im Kreis standen und etwas spielten, das sie an das Häschen-in-der-Grube ihrer Kindheit erinnerte. Sie leierten einen unverständlichen Singsang herunter, während ein Kind in der Mitte hockte, plötzlich aufsprang und auf eines der Kinder im Kreis losging, das lachend Nein! rief. Durcheinander. Nein, so nicht! Gelächter. Du nicht! Und der Kreis formierte sich neu. Ein pummeliges, kleines Mädchen stand in einigem Abstand und schaute wie Olga zu, man sah ihm an, dass es gern mitgespielt hätte, sich aber nicht traute. Es war ganz in Rosa gekleidet: rosa Mäntelchen, rosa Mütze, rosa Schal, nur die Strumpfhose war weiß und die Schuhe rot, eine kleine aufgedonnerte rosa Kugel, ungelenk und unsicher. Wie ich früher, dachte Olga, wenn Lars nicht dafür sorgte, dass ich mitspielen durfte. Zwei größere Jungen rannten vorüber, auf dem Weg zum Klettergerüst, sie rempelten das Kind in Rosa an, absichtlich, schubsten es um, lachten und liefen weiter. Es weinte nicht, blieb aber auffallend lange liegen, als dächte es darüber nach, ob das Aufstehen sich überhaupt lohne. Armes Häschen, bist du krank, dass du nicht mehr hüpfen kannst?, dachte Olga, sie wollte schon hinübergehen und nach der Kleinen sehen, da rappelte die sich schwerfällig auf und ging langsam fort, ohne sich nochmal nach ihr oder der Gruppe der spielenden Kinder umzusehen.

Häschen in der Grube. Plötzlich fiel ihr wieder ein, dass die Mutter sie »Häschen« genannt hatte, als sie noch sehr klein war, »Olga, mein Häschen«, wirklich ganz klein, »Olga-Häschen«, noch viel jünger als diese niedliche rosa Kugel eben. Hatte sie aufgehört, für die Mutter das Häschen zu sein, als der Vater anfing, sie Prinzessin zu rufen?

Auf der Terrasse des Altenheims standen in der wärmenden Märzsonne ein paar Rollstühle nebeneinander aufgereiht, in denen zusammengesunkene Gestalten hockten. Olga duckte sich unter den teils schläfrigen, teils lauernden Blicken, die sie auf sich spürte. Vogelscheuchen, dachte sie, oder Reptilien, lauter Reptilien im Totstellreflex – und dann springen sie plötzlich auf dich zu. Sie beschleunigte ihre Schritte, das Abschreiten der Altenformation war ein bisschen wie Spießrutenlaufen.

Wie die Augen der Mutter ihr gefolgt waren, unablässig, während sie durch das Zimmer im Pflegeheim ging, hier ein Wäschestück faltete, dort die Blumen neu in der Vase arrangierte, dabei unablässig Selbstgespräche führend, in diesem angestrengt munteren Ton, um die sprachlose Mutter zu unterhalten. Sie fühlte Mutters Blick noch auf sich gerichtet, das normale Auge groß und ängstlich aufgerissen, Hilfe suchend, das andere verzerrt, halb verhängt, drohend und anklagend. In dem schweren Körper der Mutter, die unbeweglich auf dem Bett lag, schienen nur noch die wässrigen, blassblauen Augen lebendig. Manchmal füllten sie sich mit Tränen, die lautlos rechts und links aus den Lidspalten liefen, ein Rinnsal über die gesunde, eins über die gelähmte Gesichtshälfte. Ein liebes trauriges und ein fremdes böses Auge. Eine vertraute und eine unheimliche Mutter. Sie konnte es nicht über sich bringen, sich ganz einfach ruhig neben ihr Bett zu setzen, sie anzusehen, vielleicht ihre Hand zu nehmen.

Olga war es damals, nach Mutters Schlaganfall, selbstverständlich erschienen, erst einmal zu Hause zu bleiben. Wer sonst hätte sie pflegen sollen? Irgendwie schien es, als werde ihr jetzt die Rechnung dafür präsentiert, dass sie in den Jahren zuvor Viola und Paul ihrer Mutter überlassen hatte. Und schließlich hatte auch ihre Mutter Hilde sich noch kurz zuvor um die Großmama Lore gekümmert, die mit 97 Jahren starb, ebenfalls nach einem Schlaganfall, von heut auf morgen. Olga hoffte, dass sich Hildes Zustand in absehbarer Zeit so weit bessern werde, dass sie wieder zu dem Immobilienmakler zurückkönnte, bei dem sie nach der Kündigung bei Walther-Transport angefangen hatte. Man hatte ihr diese Möglichkeit vage in Aussicht gestellt. Sie war erst ein halbes Jahr dort und hatte weniger verdient als zuvor, doch sie mochte die Arbeit und die beiden jüngeren Team-Kolleginnen. Wer weiß, vielleicht hätte sie sich sogar mit denen anfreunden können, wenn mehr Zeit gewesen wäre. Einstweilen lebten sie von Olgas Arbeitslosengeld und von Mutters Rente, nicht üppig, aber ohne Sorgen, zumal im Hintergrund noch etwas von Großmamas Vermögen existierte.

Eineinhalb Jahre nach dem ersten folgte Hildes zweiter Schlaganfall. Olgas Anstrengungen, die jetzt vollständig gelähmte und verstummte Mutter weiter zu Hause zu pflegen, endeten nach ein paar Monaten mit ihrem Zusammenbruch. Die Mutter war so schwer, mütterlicherseits neigten alle Frauen der Familie dazu, in den mittleren Jahren aufzugehen. Olga konnte sie beim Betten kaum auf die Seite rollen, und es war eine Tortur für beide, wenn sie Mutters Rücken anzuheben versuchte, um ihr den Topf unterzuschieben. Die Mutter musste tagsüber alle zwei Stunden Wasser lassen und mindestens dreimal in der Nacht. Am Ende war Olga so fertig, dass sie Wutausbrüche bekam, wenn sie durch das Läuten der Mutter aus dem Schlaf geholt wurde. Anschließend weinte sie stundenlang, wegen der Schuldgefühle. Viola und Paul beredeten sie, ein Pflegeheim für Hilde zu suchen.

Ihr war zum Weinen zumute, als sie die Alten dort von der Terrasse herunterlauern sah. Das schlechte Gewissen hatte sie nie verlassen, obwohl sie die Mutter jeden Tag im Hildegundisstift besucht hatte. Und in dieser Zeit war irgendetwas geschehen mit ihr. Sie kam nicht mehr richtig in die Gänge, konnte sich kaum aufraffen, wieder auf Stellensuche zu gehen, war wie gelähmt, als sie eine Ablehnung nach der anderen erhielt. Dafür war wohl nicht allein die Konjunkturkrise verantwortlich. Olga hatte in den eineinhalb Jahren, in denen sie die Mutter pflegte, fast zwanzig Kilo zugenommen.

Keine gute Idee, am Altenheim vorbeizugehen! Keine Stimmung, die sie jetzt gebrauchen konnte! Eigentlich war doch heute ein guter Tag, versuchte sie sich aufzumuntern, ein schöner heller Frühlingstag, die Sonne schien, die Vögel sangen, der Handwerkerbesuch war so gut wie überstanden, eine aufmunternde kleine Brise wehte. Sie kaufte außer Teppichschaum zwei Tafeln Schokolade, gegen die aufsteigende Düsternis. Schon heute Nachmittag, nach der Entwarnung, würde sie sich über den ersten Pilcher-Roman hermachen. Wo hatte sie die Bücher bloß hingelegt? Doch hoffentlich ganz oben auf den Stapel im Wohnzimmer.

Als sie gegen zwölf nach Hause zurückkehrte, war die Zeit mit einem Male wieder knapp für all das, was sie noch tun musste, und ihre Unruhe schlug in Panik um. Feuchte Schaumflecken auf dem Teppich würden noch gemeiner aussehen als der einigermaßen gleichmäßige Schmutz jetzt. Wenn sie den Teppich bearbeitete, würde sie mindestens eine halbe Stunde brauchen, um ihn anschließend trocken zu föhnen, und womöglich war das Ergebnis die Anstrengung nicht wert. Auch brauchte sie die verbleibende Zeit, um sich die Haare zu waschen und sich ordentlich anzuziehen. Ruhe! Nur Ruhe! Ein gepflegtes Äußeres war wichtiger als der Teppich, entschied sie, nervös hin und her laufend, auf der Suche nach passenden sauberen Kleidungsstücken.

Als sie den Föhn nach Gebrauch gewohnheitsmäßig in die Badewanne fallen lassen wollte, sprang ihr der Zustand der

Wanne ins Auge. Großer Mist! Sie hatte ganz vergessen, die zu putzen! Dabei würde sie für den Installateur ein zentrales Objekt des Interesses sein.

So hing sie, bereits fertig angezogen, die einzige gute schwarze weite Hose, dazu ein loses, in Blaugrüntönen gemustertes T-Shirt, schon wieder heftig schwitzend, mit noch leicht feuchtem Haar und hochrotem Kopf, schrubbend über der Wanne, als es um fünf nach zwei schellte. Die Badewanne machte nach wie vor einen mitgenommenen Eindruck. Doch eigentlich war das nur ein kleiner Schönheitsfehler, sprach sie sich selber Mut zu, Hauptsache, die Wohnung wirkte im Großen und Ganzen ordentlich!

Sie warf die Flasche mit dem Scheuermittel beiseite, trocknete hastig die Hände, versuchte, das Herzrasen durch bewusstes Atmen unter Kontrolle zu bringen. Dann setzte sie ein bemühtes Lächeln auf und eilte durch den ungewohnt geräumigen Flur, um Gerbsals und dem Installateur die Wohnungstür zu öffnen.

13. SAMANTHA

Zum Glück wurde sie meist wach, bevor die Tür des Gartenhauses langsam von innen aufschwang, so auch heute, wo sie von ihrem eigenen Schrei hochfuhr. Sie konnte sich, während sie benommen wieder zurücksackte, noch an den Traum erinnern. Sie war auf der Flucht, rannte aus einem dunklen Wald heraus, durch wüstenartiges Gelände, verfolgt von einem Insektenschwarm, sie lief, so schnell sie konnte, bis sie plötzlich vor dem Eingang des Gartenhauses stand, wo sie wie angenagelt stehen blieb. Sie schrie und erwachte.

Olga kam langsam zu sich, mit dem deutlichen Gefühl, dass ein unangenehmer Tag bevorstände. Schlaftrunken kratzte sie sich hier und da, am Bauch, an den Oberschenkeln, und war schlagartig ganz präsent, als sie im Licht der Nachttischlampe kleine rote Punkte auf der Haut bemerkte, mal drei, mal vier in sauberer Linie nebeneinander, punktgenauer Abstand, wie von einer großen Nähmaschine fabriziert. Flohstiche? Hastig setzte sie sich am Bettrand auf und meinte gleich, neben sich zwischen den Decken etwas hüpfen zu sehen.

Flöhe. Katzenflöhe. Nein, das war bestimmt nur Einbildung! Und selbst wenn. Selbst wenn dem so wäre, würde sich das Problem von selbst lösen, weil die Flöhe sicher wieder bei den Katzen aufspringen würden, sobald die ihren Weg kreuzten. Katzenflöhe nahmen ja nur in der Not mit Menschen vorlieb.

Das Grummeln im Bauch rührte woandersher. Arbeits-agentur. Mittwoch war der einzige Wochentag, an dem sie ausschlafen konnte, weil sie den Wochen-Kurier nicht austra-gen musste. Doch sie war für zehn Uhr ins Jobcenter einbe-stellt. Sie musste sich anständig anziehen. Und sie durfte um Gottes willen nicht wieder unpünktlich sein.

Hatten die Katzen ihr wirklich Ungeziefer angeschleppt? Wenn die Waschmaschine nicht kaputt wäre, hätte sie jetzt gleich die Bettwäsche abgezogen. Es war so wunderbar tröst-lich, wenn die Katzen es sich auf ihrem Bett gemütlich mach-ten, sich in ihre Kniekehlen kuschelten (Emilia) oder beide Vorderpfoten besitzergreifend über ihre Waden legten (Saman-tha). Wo waren die beiden überhaupt? Sie horchte auf Lebens-äußerungen von Samantha, die neuerdings gern stundenlang in das Warenlager zwischen Bett und Dachschräge abtauch-te, manchmal hörte man sie dort leise rumoren und zwischen Kartons und Müllsäcken schnurren.

Erst mal einen Kaffee trinken, um richtig zu Verstand zu kommen. Dann musste zügig die Garderobenfrage angegan-gen werden.

Hoffentlich keine Läuse. Oder gar Wanzen! Aber wo soll-ten denn Wanzen herkommen, sie hatte schon länger nichts vom Sperrmüll mitgenommen. Ganz gewöhnliche Katzenflö-he, die kamen und gingen, waren kein Grund zur Aufregung. Und sie brauchte auch den Termin bei der Arbeitsagentur nicht zu fürchten. Es stand doch nur die Verlängerung ihres Antrags auf Arbeitslosengeld II an, reine Routine, der musste jedes halbe Jahr erneuert werden; man hatte ihr das Formular für den Folgeantrag vor drei Wochen zugeschickt. Jedes Mal war sie so schrecklich aufgeregt, immer in Angst, Unangeneh-mes zu erfahren oder Wichtiges versäumt zu haben, Termine,

Fristen, Auflagen. Es kostete sie Tage und Wochen, das sechzehnseitige Formular samt Zusatzblättern auszufüllen, weil sie sich solche Mühe gab, alles richtig zu machen, obwohl sie die Angaben doch eigentlich nur aus dem vorherigen Antrag abschreiben musste. Dabei war ihr persönlicher Fallmanager im Jobcenter gar nicht unfreundlich, höchstens etwas salopp, ein junger Mann Anfang dreißig, mit einer gepiercten Augenbraue. Sie konnte ihm fast nicht ins Gesicht schauen, wenn sie ihm gegenübersaß, weil sie immer durch diese gequält wirkende Braue abgelenkt wurde. So etwas würde man bei Angestellten dieser Institution doch nicht erwarten.

Sie haben als Arbeitssuchende eine Mitwirkungspflicht!, verkündete er jedes Mal. Natürlich sagte er das zu allen, doch sie fühlte sich, als sei sie unvorbereitet in eine Prüfung gegangen, wenn er sie musterte, die gepiercte Braue leicht angehoben, aber wahrscheinlich schien ihr das nur so, wegen der Asymmetrie, bevor er sich wieder in ihre persönlichen Daten auf dem Bildschirm vertiefte. Sie wissen, dass Sie verpflichtet sind, alle Veränderungen in Ihrer persönlichen und finanziellen Situation offenzulegen!

Es gibt keine Veränderungen in meiner persönlichen und finanziellen Situation, übte Olga laut vor sich hin, während sie mit beiden Händen den wärmenden Kaffeebecher umklammert hielt. Emilia, die mit gespitzten Ohren in höchster Konzentration vor dem Küchenschrank lauerte, ruckte ihren steif gereckten Schwanz hin und her wie einen Taktstock. Ruhe!, hieß das. Keine Störung!

Da war doch nicht etwa wieder eine Maus? Das würde das Knistern und Knacken im Schrank erklären und das gelegentliche Rascheln zwischen den Müllsäcken. Zweimal hatte sie seitdem auch eine Maus durch den Flur flitzen sehen, doch wahrscheinlich war das immer nur dieselbe, die sich inzwischen bei ihr heimisch fühlte.

Wenn sie nur wüsste, was neulich beim Besuch des Installateurs schiefgelaufen war! Frau Gerbsal verhielt sich seitdem extrem feindselig. Sie hatte behauptet, in Olgas Küche rieche es, und dabei den Küchenschrank böse angestarrt. Vorgestern klebte außen an Olgas Wohnungstür eine handgeschriebene Notiz: »Bitte entfernen Sie unverzüglich Ihren Müll vom Dachbodeneingang!!!« Ohne Anrede. Drei Ausrufungszeichen. Der Installateur hatte nichts finden können, tagelang hatte man sie völlig unnötig wegen eines falschen Alarms verrückt gemacht.

Hatte Frau Gerbsal nicht sogar das Wort »Gestank« gebraucht? Woher kommt dieser Gestank? Ich rieche nichts, sagte Olga wahrheitsgemäß. Der Installateur und Herr Gerbsal enthielten sich der Stimme, der Installateur, weil er mit dem Kopf unter der Spüle hing, wo es vermutlich wirklich stank, weil er das Knie des Abflussrohrs aufgeschraubt hatte, und Herr Gerbsal, ein kleiner Dicker mit Glatze, weil er seiner Frau wahrscheinlich nie widersprach. Er trat von einem Fuß auf den anderen, starrte aus dem Küchenfenster und fühlte sich sichtlich unbehaglich. Olga auch. Sie würde die schwarzen Säcke einstweilen wieder in ihre Wohnung nehmen müssen, bis auf weiteres. Der Stress nahm kein Ende. Sie wollte endlich wieder ruhige Tage, nur einfach in Frieden gelassen werden. Doch jetzt stand erst einmal der Besuch in der Arbeitsagentur an.

Was die betraf, hatte sie ein reines Gewissen, bis auf einen winzigen Punkt. Auf ihren Konten (Sparbuch und Giro) befanden sich gegenwärtig etwa 8.000 Euro, das lag im Rahmen dessen, was ihr in ihrem Alter als Freibetrag zustand. Die

Kleinigkeit, die sie im Formular unterschlagen hatte, waren weitere anfangs 10.000 Euro, inzwischen auf etwa 7.500 Euro zusammengeschrumpft, die sie, bevor sie den ersten Antrag auf Arbeitslosengeld II stellte, von der Bank abgehoben hatte und seitdem in einem Stoffbeutel, der in einem Schuhkarton lag, unter dem Bett aufbewahrte.

Ein Notgroschen, von dem niemand etwas wissen muss, teilte Olga Emilia mit. Die Ersparnisse waren die Reste dessen, was nach dem Verkauf von Großmutters Haus und dem Umzug zu Gerbsals noch übrig geblieben war. Schlimm genug, dass sie jeden Monat ein bisschen davon für den laufenden Unterhalt abzwacken musste, mal dreißig, mal fünfzig Euro, obwohl sie doch wirklich keine großen Sprünge machte.

Emilia zuckte mit den Ohren, offenbar mit Wichtigerem befasst. Am einfachsten wäre es, wenn sie für das Gespräch im Jobcenter wieder die schwarze Hose und das türkisfarbene T-Shirt anzöge, überlegte Olga.

Viola und Paul hatten sie in der Entscheidung bestärkt, das Haus zu verkaufen, nachdem Mutter ins Hildegundisstift übergesiedelt war. Es war schon für zwei Personen zu groß gewesen, und wie sonst hätte sie die gewaltigen Kosten für die Pflege aufbringen sollen. Dass die Immobilie nicht mehr viel wert war, hatte sie befürchtet, da das Wohnviertel inzwischen als unattraktiv galt und das Haus in Jahrzehnten heruntergekommen und renovierungsbedürftig war. Doch dass eine gewaltige Hypothek darauf lag, war ein Schock für sie gewesen. Mutter und Großmutter hatten offenbar schon lange von den Beständen gezehrt. So blieb nicht mehr viel übrig, nachdem die letzte Rechnung des Pflegeheims und Hildes Beerdigung bezahlt waren. Der Erlös musste überdies gemäß den testamentarischen Bestimmungen noch zwischen ihr und den Kindern geteilt werden: die Hälfte für sie, je ein Viertel für Viola und Paul.

Es schellte. Olga fuhr zusammen, obwohl das nur der Postbote sein konnte, um diese Zeit, und dem machte sie nie die Tür auf. Vom Verschweigen ihres Notgroschens abgesehen war sie eine vorbildliche ALG-II-Empfängerin. Ihren Minijob als Unterverteilerin hatte sie Herrn Windholm sofort gemeldet. Höchste Zeit, sich jetzt endlich anzuziehen.

Sie fand die schwarze Hose mit dem ausgeleierten Gummizug in der Taille am Fußende des Bettes, doch wo war das türkisfarbene T-Shirt vom Installateurbesuch? Vielleicht hatte ihr Fallmanager auch ein Arbeitsangebot für sie. Der Gedanke, sich irgendwo persönlich bewerben zu müssen, versetzte sie in Panik. Vor einem Jahr hatte er sie gefragt, ob sie zu einem Ein-Euro-Job bereit sei, denn sie hatte die Frage »Sind Sie drei Stunden täglich arbeitsfähig?« im Antragsformular mit »Ja« beantwortet. Sie könne in einem Team bei der Stadtparkreinigung mitarbeiten oder sechs bis acht Wochen bei der Spargelernte – er las ihr die Einsatzmöglichkeiten vom Bildschirm vor. Doch noch bevor sie etwas hatte erwidern können, hielt er inne, betrachtete sie von oben bis unten und meinte: Ich glaube, das kommt in Ihrem Fall wohl eher nicht in Frage. Gesundheitlich, setzte er nach einer Pause hinzu. So fett wie Sie sind, hatte er nicht laut gesagt.

Er war wirklich freundlich, keine Schikanen, er hatte nicht mal ein amtsärztliches Zeugnis angefordert. Dennoch fühlte sie sich gedemütigt. Zum Glück hatte sie inzwischen selbst einen Minijob gefunden. Jetzt würde er ihr höchstens die Teilnahme an einer Trainingsmaßnahme anbieten. Auch davor fürchtete sie sich. Sie war einfach nicht mehr in der Lage, mit anderen Menschen zu arbeiten.

Das türkisfarbene Shirt fand sich neben der Badewanne und hatte einen Fleck mitten auf der Brust – Tomatensoße? –, den sie jetzt nicht mehr rausbekommen und den auch das blaue Tuch nicht vollständig verdecken könnte, und sie musste in zehn Minuten los. Also schleunigst weitersuchen.

Leider hatte sich nicht nur im Badezimmer, sondern auch im Wohnzimmer und in der Küche in den vergangenen Tagen wieder allerhand angesammelt, obwohl sie sich so fest vorgenommen hatte, die Wohnung in dem angenehm übersichtlichen Zustand zu halten, in dem sie sich nach dem Aufräumen befunden hatte.

Wenn einmal irgendwo irgendwas herumlag, dann zog es magisch das nächste und das übernächste an.

Sie hatte Glück, ihr fiel schon beim Öffnen des dritten Müllsacks ein weiter, grausilbrig gemusterter Pullover entgegen, an den sie sich gar nicht erinnern konnte, vielleicht ein Flohmarktschnäppchen? Er passte jedenfalls hervorragend zur schwarzen Hose.

Samantha schoss aus dem Schlafzimmer und blockierte laut maunzend ihren Weg, als sie, gestiefelt und gespornt, den Flur durchquerte.

Du musst bis später warten, ich bin in Eile!, rief sie.

Irgendwie benahm sich diese Katze neuerdings merkwürdig. Sie ließ sich nur ein-, zweimal am Tag blicken, und dann bestand sie penetrant darauf, auf der Stelle gefüttert zu werden, so fordernd, als sei sie kurz vor dem Verhungern!

Kopfschüttelnd öffnete Olga eine Dose Katzenfutter. Emilia unterbrach ihr Beobachtungsprojekt vor dem Küchenschrank und trabte ebenfalls heran, wurde aber rücksichtslos von Samantha beiseitegedrängt, die sich gierig auf die Fleischstücke stürzte.

Olga verlor noch ein paar kostbare Minuten bei der hektischen Suche nach dem Wohnungsschlüssel und wollte endgültig loslaufen, als sie plötzlich wie angenagelt stehen blieb. Sie starrte sich die Augen aus dem Kopf. Aus dem Dunkel des Schlafzimmers kamen zwei kleine Kätzchen in den Flur getapert. In der Küche begann Samantha zu schnurren wie eine antiquierte Nähmaschine, während ein drittes und ein viertes Kätzchen auf der Bildfläche erschienen. In Windeseile verschwand Samantha hinter der angelehnten Schlafzimmertür und kehrte Sekunden später mit einem fünften Jungen im Maul zurück, ein sechstes Kleines vor sich hertreibend.

Am Küchenfußboden wieselte und wuselte und rollte es durcheinander, weiß und grau und schwarz und schwarzgrau und schwarzweiß und weißgrau, wirklich unbegreifliche eins, drei, fünf, sechs junge Katzen. Olga sackte in den Stuhl. Emilia schaute dem Familientreiben um den Fressnapf aus einiger Entfernung eher desinteressiert zu.

Das also war die Erklärung für Samanthas geheimnisvollen Rückzug in die Tiefen der Müllsackhalde! Ogottogott. Sie war mit Emilia hier eingezogen, die noch zu Mutters Zeiten ordentlich sterilisiert und von Frau Gerbsal naserümpfend akzeptiert worden war. Ihre Vermieter wussten nichts von Samantha, die ihr vor einem knappen Jahr über die Dächer zugelaufen war. Olga hatte sie willkommen geheißen, weil sie sich sofort anhänglich zeigte und Emilia sich obendrein erstaunlich gut mit ihr vertrug, und sie hatte sich leichtsinnigerweise keinerlei Gedanken über ihre Fruchtbarkeit gemacht. Mit dem Ergebnis, dass sie jetzt auf einen Schlag acht statt zwei Katzen hatte. Sie musste die Kleinen so bald wie möglich loswerden. Aber wie? Das viele Geld für Futter! Ganz zu schweigen davon, dass alle Weibchen des Wurfs sterilisiert werden müssten, sonst würde die Vermehrung kein Ende nehmen. Das kostete. Und die Katzenflöhe. Zettel an den Straßenlaternen auf ihrer Runde? »Kleine Kätzchen zu verschenken«. Auf keinen Fall durfte Frau Gerbsal davon erfahren, jetzt, zu allem anderen. Olga rappelte sich mühsam auf. Einstweilen konnte sie nichts unternehmen. Es war schon kurz vor zehn, sie würde mindestens eine Viertelstunde zu spät ins Jobcenter kommen und das würde einen ganz schlechten Eindruck machen. Doch sie fühlte sich so benommen, dass sie sich nur langsam die Treppe hinunterschleppte. Am Briefkasten hing ein roter Aufkleber: »Bitte dringend nach Ihrer Post schauen!« Sie schloss ihn hastig auf, ängstlich nach Gerbsals Wohnungstür schielend. Zwischen allerlei Drucksachen fiel ihr ein Telegramm entgegen.

14. PAUL

»Papa gestern gestorben. Bitte dringend Rückruf. Paul.« Am
Ende des Textes stand seine Telefonnummer in Sydney, wo er
das Telegramm vor etwa vier Stunden aufgegeben hatte.

Uwe tot? Was war geschehen? Ein Herzinfarkt?

Kein Gedanke mehr an die Arbeitsagentur. Oder vielleicht
doch erst den Termin bei Herrn Windholm wahrnehmen und
Paul anschließend anrufen? Sie hatte das Telegramm erst auf
der Straße aufgerissen, wo sie sich weniger beobachtet fühlte, doch sie lief sogleich zurück ins Haus, die Treppe hoch
in ihre Wohnung, so schnell sie konnte, um Geld aus dem
Versteck unter dem Bett zu holen, ungeschickt den allgegenwärtigen Kätzchen ausweichend, die sie über dem Telegramm
schon beinahe wieder vergessen hatte. Zwanzig Euro würden
hoffentlich zum Telefonieren reichen, sicherheitshalber dreißig mitnehmen, aber bloß nicht verbrauchen!

Auf dem Treppenabsatz zum ersten Stock wäre sie beinahe
in Frau Fingerling hineingelaufen, die offenbar vom Einkaufen zurückkam, voll bepackt. Die schrak zurück, als sei Olga
ein Geist, wandte sich dann abrupt ab, verlegen grüßend, und
beeilte sich, ihre Wohnung aufzuschließen. Was war denn
mit der los? Bislang waren die seltenen Begegnungen mit ihr
freundlich neutral verlaufen, Olga hatte sich noch nie über die
Jungen beschwert, obwohl sie durchaus Grund dazu gehabt

hätte, so wie die beiden sich manchmal auf offener Straße lustig über sie machten.

Am Goetheplatz gab es noch Telefonzellen. Etwa acht Stunden Zeitverschiebung, hatte Paul ihr eingeschärft, also war es bei ihm jetzt sieben Uhr abends. Am Zeitungskiosk die Scheine in Ein-Euro-Münzen wechseln. Er würde schon auf ihren Anruf warten. Als Erstes musste sie sich im Jobcenter entschuldigen. Wieder ein Magen-Darm-Infekt? Oder ein Handwerkerbesuch nach Wasserrohrbruch? Paul würde es um acht oder neun Uhr abends zeitlich genauso gut passen wie jetzt, doch sie war viel zu aufgeregt, um sich vorher noch auf irgendetwas anderes einlassen zu können. Was für ein Unsinn; sie würde Herrn Windholm die Wahrheit sagen: ein plötzlicher Todesfall in der Familie. Hatte sie nicht soeben vom Tod ihres geschiedenen Mannes erfahren? Uwe war tot. Tot. Mit knapp 56 Jahren, am 15. April wäre sein Geburtstag gewesen.

Am Goetheplatz überquerte sie im Laufschritt die regennasse Fahrbahn, ohne rechts und links zu schauen, und wäre beinahe vor ein Fahrrad gelaufen. Der junge Mann wich ihr mit einem scharfen Schlenker aus, der ihn beinahe zu Fall gebracht hätte, und er schrie böse hinter ihr her: Pass doch auf, du Kuh! Durch die dumpfe Hülle, die sie umgab, fühlte sie nicht einmal nachträgliches Erschrecken. Da war noch ein anderes Wort, ein hässliches: Doofe Kuh? Fette Kuh? Es prallte alles an ihr ab, während sie sich in die Telefonzelle quetschte. Draußen schüttete es heftiger.

Er meldete sich sofort und klang ganz nah.

Paul!

Mama!

Sie atmete heftig. Beinahe wäre sie in Tränen ausgebrochen. Drei Wochen oder länger hatte sie nicht mit ihm geredet, und als sie ihn jetzt hörte, seine lebendige jungenhafte Stimme, wurde ihr schlagartig bewusst, wie sehr er ihr fehlte.

Was ist mit deinem Telefon? Ich habe dauernd versucht, dich anzurufen!

Ach, nur wieder so eine dumme Störung, behauptete sie schwach. Noch heute würde sie die ausstehende Telefonrechnung bezahlen!

Du weißt doch, dass Papa Krebs hatte, sagte Paul, diesen aggressiven Blutkrebs, aber wir haben nicht geglaubt, dass es so schnell gehen würde.

Krebs? Wieso hatte ihr niemand davon erzählt? Wieso musste sie Paul in Australien anrufen, um von Uwes Tod zu erfahren, wo Viola nur eine halbe Stunde entfernt in derselben Stadt wohnte? Und wieso hatte er es nicht erwähnt, als sie – wann genau? – zuletzt miteinander geredet hatten? In der Zelle roch es schwach säuerlich nach Erbrochenem.

Die Beerdigung ist am Montag. Ich kann erst am Wochenende fliegen, sagte Paul, und dann muss ich natürlich erst mal zu Gerda. Es gibt so viel zu regeln und zu bedenken. Das verstehst du doch?

Olga verstand.

Wir sehen uns dann bei der Beerdigung.

Olga wiederholte den Namen des Friedhofs, die Uhrzeit, versuchte, sich alles Wichtige sorgfältig in ihr wild flackerndes Hirn einzuprägen. Man werde ihr sicher noch eine Todesanzeige schicken, meinte Paul vorsichtig. Viola sei jetzt sicher schon die ganze Zeit bei Gerda, setzte er hinzu.

Ja, sagte Olga. An der gläsernen Wand der Telefonzelle stand mit schwarzem Filzstift »Kevin fickt Mops«. Sie zeichnete die Schrift mit dem Finger nach. Die arme Mops tat ihr leid. Sie hatte nur noch acht Euro.

Wie lange kannst du bleiben?, fragte sie.

Eine Woche, sagte er, da bleibt uns doch ein bisschen Zeit miteinander. Es ist zuletzt alles so schnell gegangen mit Papa, wiederholte er nochmal hilflos. Vielleicht wunderte er sich, dass sie gar nicht mehr über Uwes letzte Stunden von ihm wissen wollte. Papa war am Ende noch drei Wochen im Krankenhaus. Als ich vor einer Woche anrief, war er schon zu schwach, um mit mir zu sprechen. Aber er hatte keine Schmerzen, das weiß ich von Viola. Sie hat ihn ziemlich oft besucht. Ich hätte mich auch gern richtig von ihm verabschiedet, sagte Paul kläglich.

Sie sah ihn jetzt ganz deutlich vor sich und sehnte sich danach, ihn in den Arm zu nehmen, nicht den kräftigen, hochgewachsenen jungen Mann, der sich vor eineinhalb Jahren von ihr verabschiedet hatte, sondern den etwa siebenjährigen Jungen, der mit Tränen in den Augen in Großmamas Garten ein Grab für den vergifteten Igel aushob.

Draußen, um die Telefonzelle herum, ging plötzlich ein Wolkenbruch nieder. Und sie hatte keinen Schirm. Was für ein Wetter ist bei dir?, fragte sie, es kam ihr sofort selber völlig unpassend, geradezu gefühllos vor. Ihr fielen einfach die Fragen nicht ein, die sie ihm jetzt hätte stellen sollen.

Sonne, sagte er, wie immer.

Geht es dir gut, Mama?, wollte er dann wissen.

Ja, sagte sie. Warum habt ihr mir nicht eher Bescheid gesagt, wegen Papas Krankheit!

Ich dachte, Viola hätte mit dir geredet.

Ich muss jetzt aufhören, sagte sie, mein Kleingeld geht zu Ende.

Bis bald, Mama, sagte er.

Bis dann, Paul.

Sie war in einem schrecklichen inneren Aufruhr, als sie in den Regen hinausstürmte. Uwe war tot, aber das war es nicht. Alle waren tot. Außerdem war er schon vor eineinhalb Jahrzehnten aus ihrem Leben marschiert. Vor sieben Jahren hatte sie ihn zuletzt gesehen, bei Violas Abiturfeier, da hatte er mit Gerda in der anderen Bankreihe gesessen. Er war noch immer groß und schlank, wirkte aber mit seinem grauen Bart, fast ohne Haare auf dem Kopf, wie ein fremder älterer Mann. Sie hatten ein paar belanglose Worte gewechselt, er klang milde distanziert, ein bisschen herablassend, und es war fast so, als wäre sie einem früheren Schulkameraden wieder begegnet, mit dem sie in grauen Vorzeiten ein bisschen, aber nicht übermäßig, befreundet war. Nach der Trennung, als Olga die Stadt verlassen hatte, um mit den Kindern zu Mutter und Großmutter zurückzukehren, hatten er und Gerda ihr gemeinsames Einfamilienhaus übernommen. Obwohl sie ihn nie sonderlich vermisst hatte, war es für sie ein ständig bohrender Stachel, dass die Kinder in ihr früheres Familienheim zurückkehrten, wenn sie ihren Vater besuchten. Die Kinder mochten Gerda, weil sie freundlich, lebhaft und unkompliziert war.

Warum hatte Viola sie nicht über Uwes Krankheit informiert? Vielleicht hatte sie, wie Paul, vergeblich anzurufen versucht? Das Überweisungsformular für die Telekom lag seit Tagen ausgefüllt auf dem Küchentisch. Sie musste eben nochmal den Notgroschen anzapfen. Viola hätte doch ohne weiteres vorbeikommen können, und wenn sie sie nicht sehen wollte, hätte sie ihr wenigstens eine Nachricht in den Briefkasten werfen können.

Seit mehr als einem Jahr hatte sie kein Wort mehr mit ihrer Mutter gesprochen, kein Telefonat, kein Brief, nicht zu Weihnachten und nicht zum Geburtstag. Am Anfang hatte Olga noch ein paar Mal versucht, sie anzurufen, doch Viola hatte sofort aufgelegt, wenn sie Olgas Stimme hörte. Und jetzt hatte sie ihr Uwes Tod vorenthalten.

Es regnete, Olga hatte keinen Schirm, doch sie lief immer geradeaus, schon jetzt völlig durchnässt, am Wäldchen vorbei, wie unter einem schweren Schleier, Pauls und Violas Stimmen in ihrem Kopf.

Pauls Stimme sagte: Was ist mit Mutter los? Ich kann sie nicht erreichen.

Violas Stimme sagte: Wenn sie tot wäre, würde man uns benachrichtigen.

Wieder Paul: Du könntest wenigstens mal nach ihr schauen.

Viola: Kannst ihr ja ein Telegramm schicken.

Paul: Wir müssen ihr von Vater erzählen.

Viola: Wieso?

Paul: Weil er ihr Mann war. Sie muss doch auch Gelegenheit haben, von ihm Abschied zu nehmen.

Viola: Sie haben sich vor hundert Jahren ohne Abschied getrennt.

Paul: Dass du sie so hasst!

Viola: Sie ist schuld daran, dass wir ohne Vater aufwachsen mussten.

Paul: Papa hat Mama verlassen, Viola, nicht umgekehrt.

Viola: Sie hat ihn rausgeekelt. Sie war so scheußlich zu ihm, dass ihm nichts anderes übrig blieb.

Sie musste diese Stimmen abstellen, damit es nicht ununterbrochen so weiter ging in ihrem Kopf! Olga presste die Hände gegen die Schläfen, ihr war schwindelig.

Paul: Viola, sie ist unsere Mutter!

Viola: Omi und Urgroßmama waren unsere Mütter.

Paul: Du willst also nicht nach ihr sehen.

Viola: Papa braucht keinen Besuch von ihr. Gerda kümmert sich um ihn, und ich besuche ihn alle paar Tage.

So deutlich, so klar, die Stimmen, Paul, Viola, Viola, Paul, manchmal gleichzeitig, sie wiederholten sich auch, und sie, Olga, immer dazwischen oder vielmehr: Die beiden redeten über sie hinweg und durch sie hindurch.

Paul sagte: Weißt du, dass unsere Mutter demnächst fünfzig wird?

Viola sagte: Ihr Geburtstag ist mir so was von egal.

Schluss jetzt, Schluss!, schrie sie. Hört sofort auf, ihr zwei! Rasender Kopfschmerz. Hatte sie das wirklich laut hinaus in den Regen gerufen? Inzwischen nieselte es nur noch, und sie fand sich durchnässt, frierend, mit schmerzenden Füßen und durch und durch elend auf einem abgesägten Baumstamm unterhalb des Bahndamms wieder.

Sie hatte damals doch nur beiläufig bemerkt, dass sie Violas Freundin nicht besonders anziehend beziehungsweise nicht sehr sympathisch fände. Eigentlich machte es ihr doch nicht viel aus, dass ihre Tochter lesbisch war. Ihre eigene Mutter hätte sich erheblich schwerer damit getan, hätte es für krank gehalten. Aber Hilde war tot und ihre Ansichten spielten keine Rolle mehr.

Irgendwas ist nicht in Ordnung mit mir, dachte Olga. Sie konnte sich nicht genau erinnern, wie sie von der Telefonzelle hierhin gekommen war, an den Bahndamm, wo Knöterich und Brennnesseln illegal entsorgte Autoreifen überwucherten. Neben ihrem Baumstamm verrottete ein altes Nachtschränkchen; jemand hatte hier wohl wild Sperrmüll gekippt. Kein Mensch weit und breit in diesem trostlosen Gelände. Sie spürte die Feuchtigkeit des Baumstamms durch den Hosenboden bis auf die Haut. Dabei war es doch die gute Hose für die offiziellen Termine. Hatte sie sich nun beim Jobcenter entschuldigt oder dort noch gar nicht angerufen? Wie lange war das Telefonat mit Paul her? Vielleicht würde sie krank werden, eine böse Erkältung, vielleicht war schon alles zu spät. Am liebsten hätte sie sich hier und jetzt, wo sie war, neben dem Bahndamm der Länge nach auf den Boden gelegt. Über ihr donnerte ein Güterzug vorüber. Sie wünschte, sie wäre schon wieder zu Hause, in Sicherheit, die Wohnungstür hinter sich abgeschlossen, im Bett, warm und trocken, Emilia auf dem Bauch und einen großen Becher mit heißem, starkem, süßem Kakao neben sich.

Sie hatte doch bloß bedauert, dass sie von Viola keine Enkelkinder haben würde, denn wer weiß, was mit Paul würde, der hatte ihres Wissens bisher noch nie eine richtige Freundin gehabt. Sie hatte Violas Freundin nicht »abstoßend« genannt. Höchstens »unappetitlich«? Natürlich war das auch nicht besonders freundlich. Du hast das gerade nötig, so was zu sagen! Gerade du! Viola war ihr beinahe ins Gesicht gesprungen. Du bist nicht nur unappetitlich, du bist so was von peinlich! Du bist ein fettes, überaltertes Baby, das sich aufs Äußerste gehen lässt und nur um sich selber kreist!

Natürlich durfte man so etwas nicht auf die Goldwaage legen, man sagte sich schon mal hässliche Sachen, die man hinterher bedauerte, das gab es in allen nahen Beziehungen. Mutter–Tochter, jeder weiß, dass das nicht immer einfach ist. Sie allerdings hätte nie gewagt, ihrer eigenen Mutter gegenüber dergleichen auszusprechen, auch wenn sie manchmal schreckliche Dinge gedacht hatte, in der Zeit, als sie Hilde pflegte. Sie hätte so was nicht mal zu denken gewagt.

Ihre Zähne klapperten. Sie wollte nach Hause. Nur noch ins Bett.

15. ALS OLGA DIE MUTTER PFLEGTE

In ihrer Erinnerung bestanden die eineinhalb Jahre, in denen sie die Mutter pflegte, nur aus Herbst und Winter. Sie sah sich tagein, tagaus mit der Mutter im düsteren Wohnzimmer eingeschlossen, hinter heruntergelassenen Jalousien, während es draußen kalt war, regnete oder stürmte, von morgens bis abends bei künstlicher Beleuchtung, weil die Thujahecke vor dem Fenster alles Taglicht schluckte.

Letztlich sei auf Männer kein Verlass, sagte die Mutter, als Olga ihr zögernd von Hans Walther erzählte. Natürlich habe sie von dem Verhältnis gewusst, die ganze Zeit schon, von Anfang an. Sie habe aber geschwiegen und sich ihren Teil gedacht.

Letztlich sind wir Frauen es, die allein zurande kommen müssen, sagte die Mutter.

Der erste Schlaganfall hatte sie halbseitig gelähmt. Ihr linker Arm hing herab und war nicht mehr zu gebrauchen, später versteifte er sich im rechten Winkel und die linke Hand verkümmerte zu einer Art Pfötchen. Sie schlurfte kümmerlich vom Sofa zum Sessel, vom Sessel zur Toilette, und zog dabei das betroffene Bein angestrengt hinter sich her. Die Treppe zum ersten Stock, wo die Schlafzimmer lagen, wagte sie nur mit Olgas Hilfe zu begehen, von ihr untergehakt, schwer auf sie gestützt.

Männer sind nicht belastbar – wie dein Vater. Sie gehen

leichtsinnig Risiken ein – wie Lars. Sie bleiben im Krieg und lassen sich umbringen – wie dein Großvater Wilhelm, mein Vater. So oder so läuft es immer darauf hinaus, dass wir Frauen allein mit dem Leben fertig werden müssen.

Hildes Gesicht war noch nicht entstellt, das besorgte erst der zweite Schlaganfall. Nur der linke Mundwinkel hing ein wenig nach unten, und obwohl sie merklich langsamer sprach als früher, flacher, fahriger, tonloser, redete sie mehr, als Olga sie in all den Jahren ihrer Kindheit hatte reden hören.

Wir waren einfach noch zu jung, als wir uns verlobten, ich achtzehn und dein Papa neunzehn, er schien mir so stark, so strahlend, wie soll man denn Männer in diesem Alter richtig einschätzen können? Und wer weiß, ob ich so lange auf ihn gewartet hätte, wenn ich nicht gleich schwanger geworden wäre. Es war wohl das tote Kind, das uns aneinanderband.

Das tote Kind, Olgas mit zwei Jahren verstorbene ältere Schwester Laura, geisterte oft durch Mutters behinderte letzte Jahre.

Sie gingen, wenn man von notwendigen Arztbesuchen absah, kaum noch aus. Die meiste Zeit saßen sie herum, in der Küche, wenn Olga das Essen zubereitete und zwischen den Mahlzeiten im Wohnzimmer. Dann sah die Mutter ihr vom Küchentisch aus zu, sie versuchte auch manchmal, Gemüse klein zu schneiden, was nicht recht gelingen wollte, da sie die einzelnen Teile nicht mit der linken Hand festhalten konnte, während sie mit der rechten das Messer führte. Am Ende spritzten die Karottenstücke von der Arbeitsplatte. Olga bückte sich schwerfällig, um sie vom Fußboden aufzuheben und sagte: Lass mal, Mutter, ich mach das schon.

Als Köchin taugst du nicht viel, anders als deine Großmama. Aber du bist eine gute Tochter.

Anfangs weinte die Mutter viel, oft scheinbar grundlos. Ein paar Tränen kullerten ihr rechts und links über die Wangen. Während ihrer ganzen Kindheit hatte Olga vergeblich nach ähnlichen Worten gehungert. Jetzt bedeuteten sie nicht mehr viel.

Die gewaltige Thujahecke vor dem Wohnzimmerfenster, zwei Meter hoch, umgrenzte ein winziges Rasenstück. Das alte Haus hatte sich in den vergangenen drei Jahrzehnten nur wenig verändert, doch das da draußen erinnerte in nichts mehr an den weitläufigen Garten ihrer Kindheit, mit gepflegtem Gemüsebeet, bunten Staudenrabatten und der heiteren Streuobstwiese, an deren äußerstem Ende das Gartenhaus gelegen hatte. Das Grundstück war vor langer Zeit geteilt und die hintere Hälfte bebaut worden. Die schwarze Thujawand ließ schon lange keine Blicke mehr hindurch, weder von außen nach innen noch von innen nach außen.

Sie hielten sich ohnehin kaum draußen auf, auch im Sommer nicht, weil Hilde schnell unter Zug litt. Sie lasen und sahen fern. Manchmal begannen die Fernsehsitzungen schon am Nachmittag. Hilde saß im alten Ohrensessel, früher Großmama Lores Stammplatz, hatte die Beine hochgelegt, blätterte in Illustrierten, hörte Musik und ließ den Fernseher laufen, manchmal alles gleichzeitig, während Olga mit einem Buch auf dem Sofa lag und las, solange ihre Mutter sie ließ.

Denn Hilde wurde schnell unruhig, dann scheuchte sie Olga herum, sie brauchte eine Strickjacke, weil ihr kalt war, andere Pantoffeln, weil diese drückten, eine Verdauungs- oder eine Kopfschmerztablette, eine Tasse Tee oder ihre andere Lesebrille. Ach Kind, sei so lieb, für mich ist es so umständlich, mit nur einer Hand und dem lahmen Bein! In Wirklichkeit wollte sie Olgas Aufmerksamkeit.

Du hast nie verstanden, wie schwer das alles für mich war. Warum hat dein Vater sich bloß so gehen lassen, als er aus der Gefangenschaft zurückkam? Gut, er war erst neunzehn, als er in den Krieg musste, und dann die vier Jahre Arbeitslager. Aber andere Männer haben damals auch Schreckliches erlebt und sie kamen zurück und fanden eine Arbeit und ernährten ihre Familie. Wenn deine Großmutter uns nicht aufgenommen und von ihrer Kriegerwitwenrente mit ernährt hätte, wären wir verhungert. Und kaum ist er in Amt und Brot, überwirft er sich mit seinen Arbeitgebern und wird rausgeworfen! Immer das gleiche Lied.

Hildes Stimme zerfaserte. Sie erwartete gar keine Antworten von Olga, sie war schon zufrieden, wenn die aufseufzend ihr Buch beiseitelegte. Nach dem Schlaganfall hatte die Mutter diesen nervösen Tick angenommen, ununterbrochen mit den Fingern der gesunden Hand an irgendetwas herumzunesteln, egal, ob sie redete oder in Gedanken schwieg, an ihrem Taschentuch, am Tischtuchzipfel, am Armbündchen der Bluse des kranken Arms, an den Seiten der Illustrierten, die vor ihr lag, bis eine Endloskette von Eselsohren entstand. Es machte Olga verrückt, ihr dabei zuzuschauen, doch es hatte keinen Sinn, die Mutter zurechtzuweisen. Die hielt dann nur kurz inne, abwesend, und begann sogleich weiterzunesteln, gedankenverloren.

Alle hatten damals Mitleid mit Herbert. Dabei hätte er doch froh sein können, er war noch am Leben und gesund, während mein Vater gefallen war und mein Bruder vermisst.

Wenn es Olga zu viel wurde, nahm sie ihren Roman und verließ das Zimmer, um auf ihrem Bett im Schlafzimmer weiterzulesen. Doch wenn sie zwischendurch die Flucht ergriff, dann redete die Mutter umso mehr bei den Mahlzeiten, die sich unendlich lang hinzogen. Durch ihr verlangsamtes Tempo beim Essen zwang sie Olga, endlos lange bei ihr zu sitzen und zuzuhören. Je schneller Olga in sich hineinschlang, desto traniger mümmelte Hilde, sie brauchte doppelt und dreifach so viel Zeit wie früher, um einen Teller zu leeren, so dass Olga sich den ihren in derselben Zeit gleich zwei- oder dreimal nachfüllen musste. Denn sie konnte es nicht aushalten, einfach nur dazusitzen, ihrer Mutter beim Essen zuzuschauen und beim Reden zuzuhören. Jeden Nachmittag gab es Kaffee und Kuchen, weil Hilde so gern Süßes aß.

Aber es muss doch wirklich grauenhaft für Papa gewesen sein!, sagte Olga. Nichtsahnend zurückzukommen, nach all den Jahren, die Gefangenschaft glücklich überlebt, sich wie verrückt auf zu Hause zu freuen – und dann vor den Ruinen seines Elternhauses zu stehen.

Als kleines Kind hatte sie geglaubt, alle Menschen besäßen nur ein Großelternpaar, so wie man eben auch nur eine Mutter und einen Vater hat. Ihre Großeltern, das waren Oma Lore und Opa Wilhelm, der zwar immer schon tot, aber dennoch allgegenwärtig war. Er hing als ein großes Ölgemälde über Omas Bett und er stand überall auf Fotos herum, zu denen Oma Geschichten erzählte. Doch von Vaters Eltern gab es nirgendwo auch nur die geringste Spur. Olga war schon sieben oder acht Jahre, als Lars ihr das große Geheimnis anvertraute: Papas Leute seien alle miteinander in einer einzigen Bombennacht umgekommen, Vater, Mutter, die beiden jüngeren Schwestern, alle im Elternhaus unter einstürzenden Balken zerschmettert, verbrannt, erstickt. Weil während seiner Gefangenschaft niemand gewusst hatte, wo Herbert war und ob er überhaupt noch lebte, hatte ihn auch niemand von dem Unglück benachrichtigen können.

Ich habe auf Herbert gewartet, obwohl Laura in der Zwischenzeit geboren und gestorben war. Doch ich musste allein fertig werden mit meinem Leid um die toten Kinder.

War es nicht seltsam, dachte Olga, dass sie selber Mitte vierzig geworden war, Mutter erwachsener Kinder, bevor sie von zwei Fehlgeburten der eigenen Mutter erfuhr! Nur von der kleinen Laura hatte man ihnen irgendwann erzählt. Hilde hatte nicht geahnt, dass sie schwanger war, als Herbert im November 1944 eingezogen wurde, er hatte Laura nie gesehen, denn sie war mit knapp zwei Jahren an Kinderlähmung gestorben, lange bevor er zurückkehrte. Hilde brachte sie in seiner Abwesenheit unehelich zur Welt und musste sie allein begraben.

Wie konnte das mit den Fehlgeburten geschehen?

Sie sind halt abgegangen, antwortete Hilde vage. Eines im dritten und eines im siebten Monat. Als Lars kam, hatten wir schon jede Hoffnung aufgegeben, und natürlich waren wir dann alle ganz vernarrt in ihn, vor allem deine Großmama. Du weißt ja, dass der Tod deines Bruders sie fast umgebracht hätte.

Kannst du nicht eine Minute die Tischdecke in Ruhe lassen!, rief Olga gereizt, weil Hilde, während sie redete, unaufhörlich den Zipfel des Tischtuchs rollte und entrollte. Sie würde nicht zulassen, dass Mutter jetzt von Lars redete. Wenn die jetzt von Lars anfing, würde sie laut schreien.

Du warst auch ein Geschenk, fügte die Mutter stattdessen gekränkt hinzu. Ein nachgereichtes Geschenk.

Manchmal wehte Viola herein wie ein Wirbelwind. Paul war weit weg, er kam nur noch alle paar Monate nach Hause, seit er in Hamburg Ingenieurwissenschaften studierte, und Olga vermisste ihn schmerzlich. Wieso hockt ihr immer im Haus?, rief Viola vorwurfsvoll. Wieso geht ihr nicht mal spazieren, bei dem schönen Wetter! Omi braucht regelmäßig Bewegung. Wieso geht sie nicht mehr zur Krankengymnastin?

Wenn Viola Zeit hatte, dann packte sie ihre Großmutter energisch in den Rollstuhl, fass mal mit an!, befahl sie ihrer Mutter, weil Hilde sich aus Protest lahmer stellte, als sie war, und dadurch doppelt so schwer wurde, und sie begleitete sie beide bis zum Park und bestand darauf, dass sie dort zusammen eine Runde zu Fuß drehten. Jeden Tag müsst ihr das machen, jeden Tag!

Doch Hilde jammerte, wenn sie laufen sollte, und Olga war es viel zu anstrengend, sich über die Unlust ihrer Mutter hinwegzusetzen, außerdem war sie selber faul. Seit sie nicht mehr berufstätig und nur noch für Hilde da war, hielt eine große Müdigkeit sie gefangen. Sie tat auch im Haushalt nur das Nötigste.

Es war anstrengend genug, sich den ganzen Tag um die Mutter zu kümmern, sie immer wieder vom Wohnzimmer in die Küche und von der Küche zurück ins Wohnzimmer zu begleiten, vom Sessel zum Küchenstuhl, vom Küchenstuhl wieder zum Sessel, morgens die Treppe herunter und abends die Treppe herauf und das Gleiche zum Mittagsschlaf. Ihr beim Aufstehen zu helfen verlangte jedes Mal reichlich Körpereinsatz, sie zum Klo zu begleiten, ihr die Hose herunter- und wieder hochzuziehen, ihr morgens und abends beim An- und Ausziehen zu helfen.

Sie hielt das alles nur aus, weil sie zwischendurch immer wieder in ihre Romane abtauchen konnte, in denen sie ein anderes, zweites Leben lebte.

Ich versteh nicht, wieso du Omi so betüterst, Mama, sagte Viola, sie ist wirklich imstande, sich die Hose allein hoch- und runterzuziehen. Das kann man durchaus mit einem Arm. Es dauert nur ein bisschen länger. Aber sie hat doch Zeit. Ihr habt doch reichlich Zeit, ihr beiden!

Sie hatten vor Mutters Schlaganfall nie über Vater gesprochen, wie auf geheime Verabredung, Mutter und Großmama nicht mit Olga, aber auch sie und Lars untereinander nicht, als Lars noch lebte. Vater war mehr als tot, er lag nicht nur unter der Erde begraben, sondern auch unter einem jahrzehntelangen zentnerschweren Schweigen.

Warum haben wir eigentlich nie von Papas Familie geredet?, fragte Olga die Mutter.

Dummes Zeug, rief Hilde heftig. Natürlich haben wir das, mehr als genug. Doch irgendwann muss mal Schluss sein. Du tust gerade so, als hätten wir kein Verständnis für ihn gehabt, deine Großmama und ich, dabei waren wir die Rücksicht selber! Und glaub mal nicht, dass er mich umgekehrt wegen Laura getröstet hätte! Bei meinen Fehlgeburten benahm er sich, als ob ihn das alles nichts anginge.

Aber greif mich nur an! Verurteile mich nur!, klagte Hilde matt. Du hast ja die Dinge immer nur mit seinen Augen gesehen. Du hast keine Ahnung davon, was es heißt, mit einem Alkoholiker verheiratet zu sein. Das Theater, das er um dich machte. Prinzessin! Lächerlich!

Olga konnte nicht ertragen, wie die Mutter das Wort »Prinzessin« aussprach. Sie ließ Hilde mit ihrem Käsekuchen allein und ging hinauf ins Schlafzimmer, um zu lesen.

16. LYDIA SCHWARZ

Was hatte sie nun davon, dass das Telefon wieder funktionierte, erstaunlicherweise schon zwei Tage, nachdem sie die überfällige Rechnung bezahlt hatte. Jedes Mal, wenn es klingelte, blieb ihr fast das Herz stehen. Zum Glück gab es den Anrufbeantworter; sie musste nicht drangehen, wenn sie nicht wollte.

Sie hatte sich mühsam durch ihre frühe Runde geschleppt, nach einer Nacht, in der sie wieder kaum geschlafen hatte. Vorhin wäre sie bei ihrer Rückkehr unten im Hausflur beinahe mit Frau Gerbsal zusammengestoßen, die ihr neuerdings auch aus dem Weg zu gehen schien; jedenfalls verschwand sie eilig in ihrer Wohnung und zog grußlos die Tür hinter sich zu.

Drei Anrufe. Herr Windholm: Bitte melden Sie sich umgehend wegen eines neuen Termins bei mir. Sie wissen doch, dass Sie als Arbeitssuchende eine Mitwirkungspflicht haben.

Paul: Hallo Mama, bin soeben auf deutschem Boden gelandet. Wie gut, dass dein Telefon wieder geht! Ich fahre jetzt zu Gerda. Bis morgen, elf Uhr vor der Kirche.

Olga atmete tief ein und aus. Sie hatte die Spaghetti mit Käsesoße direkt aus dem Topf geschaufelt und saß, Ellbogen auf die Tischplatte gestützt, und starrte aus dem Fenster. Im Schlafzimmer lief der Fernsehapparat, vertrautes gleichmäßiges Gebrabbel, das allerdings den Lärm der Abrissbirne auf der anderen Straßenseite nicht ganz übertönen konnte.

Der dritte Anruf, die gewollt verbindliche Stimme einer unbekannten Frau. Hier Lydia Schwarz, Gesundheitsamt. Sie haben auch auf unser zweites Schreiben nicht reagiert. Ich habe Sie vergangene Woche persönlich aufgesucht, wie angekündigt, Sie waren nicht zu Hause. Was für ein Schreiben? Sie erstarrte. Niemand hatte sie aufgesucht. Was wollten die Leute nur alle. Als das Telefon es nicht tat, hatte sie sich sicherer gefühlt.

Im Fernsehen lief eine Kochsendung, gesunde Ernährung. Ungesättigte Fettsäuren, freie Radikale, am besten kalt gepresstes Olivenöl, aber nehmen Sie wirklich gutes Olivenöl. Sparen Sie nicht an der falschen Stelle! Wenn sie ins Schlafzimmer ginge und sich langlegte, müsste sie nicht weiter mit ansehen, wie die vertraute, freundliche Brandmauer des Eckhauses auf der anderen Straßenseite unter den Schlägen der Abrissbirne zusammenzuckte und stöhnend in sich zusammensank, Stück für Stück, in einer Wolke von Staub. Dahinter wurden nackte Zimmerreste entblößt, Einblick in eine willkürlich zerstörte Lebenswelt.

Doch sie saß wie festgeklebt am Küchentisch und konnte sich nicht wegrühren. Wie geblendet blinzelte sie in die schmerzende Leere, die sich gegenüber auftat. Ein scharfes Licht drang durch das Fenster in ihre Küche, ungewohnt hell, hier saß sie, nackt und bloß und ertrug dieses Licht nicht. Morgen würde sie bei Uwes Beerdigung Paul und Viola und natürlich Gerda wiedersehen.

Was bloß wollte das Gesundheitsamt von ihr?

Seit sie hier wohnte, hatte Olga Tag für Tag aus dem Küchenfenster auf die fensterlose Wand des gegenüberliegenden Eckhauses geschaut, sie mochte die bunten Gemälde und schrillen Graffiti, alte Bekannte, die sie vom Küchentisch aus jeden Morgen neu begrüßt hatten, und auf einmal verschwand das gewohnte Bild vor ihren Augen, und ihr Blick tastete sich verstört zu entfernter liegenden Häusern dahinter, die sie bisher nie gesehen hatte. Obwohl die unbekannten Gebäude weit weg waren, fröstelte Olga auf einmal wie unter zahllosen fremden kalten Blicken. Als hätte jetzt auch ihr eigenes Haus keine Außenwände und sie selber keine Außenhaut mehr. Bislang war die Küche der einzige Raum ihrer Wohnung gewesen, in dem sie nicht Tag und Nacht die Rollos geschlossen hielt. Damit war es jetzt wohl vorbei.

Die kleinen Kätzchen, so lebendig, waren ein großer Trost. Es tat gut, sie um sich herum zu spüren, neugierig erkundeten sie alle Ecken, spielten mit Gegenständen, die am Boden lagen, versuchten zwischendurch, an Olgas Hosenbeinen hochzuklettern.

Von was für einem Schreiben faselte die Frau auf dem Anrufbeantworter? Vage erinnerte sie sich an einen ungeöffneten Brief, der zusammen mit Pauls Telegramm gekommen war. Wo war der abgeblieben? Sie suchte auf dem Tisch unter dem Geschirr, wühlte zwischen Werbeprospekten und Zeitungen. Das Gesundheitsamt hatte doch gar kein Recht, irgendwas von ihr zu verlangen. Als sie den Spaghettitopf beiseiteschob, fiel ihr Blick wieder auf die Todesanzeige. Mein geliebter Mann. Unser lieber Vater. Nach kurzer schwerer Krankheit. Viel zu früh. Gerda Assmann. Paul Assmann. Viola Assmann. Und Angehörige. Hebe deine Augen auf zu den Bergen, von welchen dir Hilfe kommt. Sie, Olga, kam nicht vor. Als hätte es sie nie gegeben. Sie verschwand in der amorphen Ansammlung von »Angehörigen«. Sie hatte nur die nackte förmliche Anzeige erhalten, von Viola adressiert, ohne ein einziges persönliches Wort ihrer Tochter.

Schließlich stieß sie auf den gesuchten Brief.

Sehr geehrte Frau Assmann,

ich hatte mich vor zwei Wochen schriftlich bei Ihnen gemeldet und meinen Besuch angekündigt, da ich Sie telefonisch nicht erreichen konnte. Sie waren am 2. April, 10 Uhr, nicht zu Hause und haben auf mein Schreiben nicht reagiert. Ein Besuch bei Ihnen ist dringend erforderlich, da wir vom Ordnungsamt unterrichtet wurden, dass eventuell Handlungsbedarf besteht. Um Ihnen Unannehmlichkeiten zu ersparen, möchte ich Sie dringend bitten, sich möglichst umgehend wegen eines neuen Termins werktags zwischen 8 und 12 Uhr unter der oben genannten Nummer mit mir in Verbindung zu setzen.

Lydia Schwarz, Sozialarbeiterin, Gesundheitsamt.

Was für Unannehmlichkeiten? Das klang ja fast wie eine Drohung. Olga fühlte einen leisen kalten Hauch im Nacken, während sie die Mitteilung noch einmal las. Was wollten die? Sie hatte weder mit dem Ordnungsamt noch mit dem Gesundheitsamt je zu tun gehabt. Steckten etwa Gerbsals dahinter?

Allerdings konnte sie sich leicht damit herausreden, diesen Brief nie erhalten zu haben und auch keinen anderen. Schwerfällig ließ sie sich auf dem Küchenboden nieder und suchte eine Weile vergeblich nach einem weiteren ähnlichen Umschlag. Die Kätzchen liebten es, auf den Tisch zu springen, Dinge herunterzuwerfen und Papiere am Boden zu zerfetzen; sie kratzten auch gern an den schwarzen Müllsäcken, die Olga vom Treppenabsatz am Dachboden wieder in die Wohnung zurückbefördert hatte, rissen sie auf mit spielerischen Krallen und zerrten alte Klamotten heraus. Sie würde sich bald um ein neues Zuhause für sie bemühen müssen. Kein Brief. War ja eigentlich auch egal. Sie würde diese Frau anrufen, gleich morgen beziehungsweise übermorgen, denn morgen ging ja nicht, wegen der Beerdigung.

Der größte Teil der Müllsäcke stand jetzt im langsam wieder zuwachsenden Flur, ein paar hatte sie auch in die Küche nehmen müssen. Schon der Katzen wegen konnte sie unmöglich fremde Menschen in ihre Wohnung lassen, und ganz bestimmt würde sie einstweilen keine neue Aufräumaktion starten. Vielleicht konnte sie, was immer es war, telefonisch oder notfalls mit einem Gang zum Gesundheitsamt abwiegeln.

Sie stöhnte, ließ die Jalousien am Küchenfenster herunter und floh ins abgedunkelte Schlafzimmer aufs Bett. Es juckte sie am ganzen Körper; vielleicht sollte sie doch mal die Bettwäsche abziehen. Sie fühlte sich elend schlapp, als brüte sie eine Krankheit aus. Es konnte nichts Gutes bedeuten, dass diese Frau sie in ihrer Wohnung aufsuchen wollte. Und es schien ihr ein bedrohliches Zeichen, dass das vertraute Haus gegenüber gerade heute abgerissen wurde. Im Fernsehen stritt ein geschiedenes Paar mit niederträchtigen Beschimpfungen um das Besuchsrecht für das gemeinsame Kind.

Olga übte für das Gespräch mit der Frau vom Gesundheitsamt: »Wissen Sie, ich bekomme immer so viel Werbung in den Briefkasten, ich werfe das ganze Zeug unbesehen gleich fort, da kann es schon sein, dass versehentlich anderes dazwischengerät und im Müll landet.«

In Wirklichkeit studierte sie jede Postwurfsendung gründlich, sie nahm sogar an allen Preisausschreiben teil, zu denen die Werbeprospekte einluden. Sie hatte auch schon mehrmals Dinge gewonnen: ein siebenteiliges Crème-brûlée-Geschirr, noch nie benutzt, man könnte es mal verschenken, aber an wen, da sie nie eingeladen wurde, es musste sich irgendwo im Sideboard im Wohnzimmer befinden. Außerdem eine CD »Die schönsten Stunden der Volksmusik« und drei recht nette T-Shirts mit dem Logo eines Fitness-Studios, Größe S, die möglicherweise Viola gepasst hätten, vielleicht mochte die ja so was.

Sie war müde. Der Mann auf dem Bildschirm schrie die Fernsehpsychologin an: Ich will nicht, dass meine Tochter bei dieser Hure aufwächst! Was meinen Sie, wie Ihre Tochter sich fühlt, wenn Sie so von Ihrer Exfrau reden, fragte die zurück. Da sehen Sie, giftete die Frau, warum ich nicht will, dass Maja ihn besucht!

Das Programm machte Olga nur noch schläfriger. Tagsüber konnte sie zurzeit in jedem Augenblick aus dem Stand einschlafen, bei laufendem Fernseher, während sie einen großen Teil der Nacht mit gesträubten Haaren wach lag. Nicht einschlafen, um nicht zu träumen. Nichts sehen, nichts hören, nicht fühlen, wie die drei Äffchen. Oder war es: Nichts sehen, nichts hören, nichts reden?

Diese Maja im Fernsehen erinnerte sie an Viola früher. Sie war so ein süßes kleines Mädchen gewesen, sehr zuwendungsbedürftig, mit langen, dunkelblonden Locken, voller Phantasie und überraschender Einfälle. Dann mutierte sie zu einem linkischen, molligen, nicht besonders ansehnlichen und ewig mürrischen Teenager. Nach ihrem Abitur, als sie das Haus verlassen hatte, schnitt sie ihre Haare streichholzkurz und verwandelte sich in eine extrem schlanke, resolute junge Frau, sehr bestimmt und scharfzüngig, hart gegen sich und andere, fand Olga.

Tagsüber konnte sie jederzeit einschlafen, aber nachts starrte sie stundenlang voller Grauen ins Schwarze. Auch ohne dass sie träumte, öffnete sich jetzt manchmal nachts die Tür des Gartenhauses und sie sah das Bild, das sie für immer hatte vergessen wollen. Sie war gerade zehn, und man hatte sie geschickt, um Papa zum Mittagessen zu holen.

Papa! Papa! Hast du Großmama nicht rufen hören?

Sie stieß die grobe Holztür mit aller Kraft auf, die klemmte seit einiger Zeit. Großmama sagt, du sollst endlich kommen, weil es Fisch gibt, und der darf nicht kalt werden …

Papa hing an der Leiter, die hinter seinem Sessel stand, derselben Leiter, auf der sie als Primaballerina für Lars ihre geblümte Unterhose abgelegt hatte. Wie fürchterlich er sie anschaute, aus den hervorquellenden Augen, mit herausgestreckter, dicker Zunge, blau im Gesicht.

17. DIE BEERDIGUNG

»So nimm denn meine Hände ...«

Sie sangen bereits, als Olga die schwere Kirchentür aufschob und auf Zehenspitzen zur zweitletzten Sitzreihe schlich, wo die Außenplätze noch frei waren. Sie war diesmal ganz bewusst zu spät gekommen, weil sie die Situation vor Beginn des Gottesdienstes fürchtete, das Herumstehen der Trauergemeinde in losen Grüppchen vor der Friedhofskapelle. Da konnte sie Paul und Viola unmöglich gegenübertreten, nach all der Zeit, unter den Augen all dieser Menschen.

Nur ja nicht auffallen, beschwor sie sich, schnaufte aber so mächtig, dass sich doch einige Leute nach ihr umdrehten, während sie sich in die Bank quetschte. Die Kinder würden mit Gerda in der ersten Reihe sitzen. Ihr Herz hämmerte. Nach einer Weile wagte sie es, den Hals ein wenig in den Mittelgang der großen, kahlen Kapelle zu recken, in der unsinnigen Hoffnung, einen Blick auf die beiden zu erhaschen. Eine Masse dunkler Rücken verschwamm vor ihren Augen, dazwischen ahnte sie, ganz vorn, ein Stück vom Sarg auf dem Katafalk, an den Blumengebinde gelehnt waren.

Sie stemmte den Rücken gegen die harte Lehne der unbequemen Bank, ein Stück Wirklichkeit, das ihr Halt geben sollte, und starrte auf die Hinterseite der Frau im dunkelblauen Mantel direkt vor sich, weißer Rüschenkragen, grauer Kopf mit Hut darauf, und sie versuchte, den schweren Atem zu kontrollieren, sich auf den Gottesdienst zu konzentrieren. »Oh Haupt voll Blut und Wunden …« Sie wollte sich Uwe im Sarg vorstellen und sah stattdessen die kitschigen Jesusbilder aus ihrer Kindheit vor sich, mit dem schief hängenden Kopf des Gekreuzigten, dem das Blut aus der Dornenkrone über das Gesicht lief.

Gesine behauptete, aus Lars' Motorradhelm sei Blut gequollen, als die Sanitäter ihm den abnahmen. Wie wollte sie das wissen, sie war doch gar nicht am Unfallort gewesen, und als Olga später seine Leiche aufgebahrt sah, war sein Gesicht blutleer, kalkweiß. Trotzdem war das immer noch Lars, wenn auch sehr leblos, fast ein wenig hochmütig. Alle seine Gliedmaßen lagen ordentlich beieinander unter dem weißen Leintuch, man bemerkte nichts von den Brüchen und den schweren inneren Verletzungen. Umso weniger hatte sie es glauben können. Es schien nicht so endgültig wie bei Papa, auf den sie allerdings nur einen einzigen Sekundenblick geworfen hatte, bevor sie in panischem Grauen davonrannte.

Während der Pfarrer redete, versuchte sie, sich Uwe vorzustellen zu seinen Worten. Ein Mann in den besten Jahren, was hat Gott sich dabei gedacht? Vergeblich sein tapferer Kampf gegen die heimtückische Krankheit. Sie konnte nicht mal Uwes Gesicht von früher wiederfinden. Geliebter Ehemann, guter Vater. Hier und da entrang sich der Trauergemeinde ein Schnäuzen und Seufzen, ein Räuspern und Schluchzen, das von überall her zu kommen schien.

Sonderbarerweise konnte sie sich nicht an Vaters Beerdigung erinnern. Da musste sie doch eigentlich mit Mutter, Großmama und Lars in der ersten Reihe gesessen haben. Doch da war nichts außer dem kurzen, grässlichen Anblick im Gartenhaus in ihrem Kopf, nur ein großes, schwarzes Loch um Vaters Tod herum. Hatte es etwa gar keinen Gottesdienst gegeben, weil es ein Selbstmord war? Oder hatte man sie, weil sie noch Kinder waren, gar nicht mit in die Kirche und auf den Friedhof genommen? Aber wo hätte sie dann gewesen sein sollen? Lars, den sie hätte fragen können, war nicht mehr da. Mutter war nicht mehr da. Alle waren tot.

Durch die seitlichen bunten Glasfenster fiel plötzlich Sonnenlicht in den düsteren Raum, ein schräger breiter Silberstreifen, der die Staubkörnchen im Mittelgang tanzen ließ. April, April. Als sie vom Bahnhof hierhergekommen war, hatte es geregnet.

Sie konnte sich auch nicht an Mutter erinnern, nach Vaters Tod, nur Großmama stand deutlich vor ihr, in der dunkelblauen Küchenschürze, die knotigen Hände vor dem Bauch gefaltet, die Augenbrauen hochgezogen, während sie über Olga hinwegsah. Das Kind ist vom Vater übermäßig verwöhnt worden. Mit Papas Tod hörte Olgas Kindheit von einem Augenblick zum anderen auf. In diesem Alter brauchen Mädchen eine feste Hand, um Jungen muss man sich weniger Sorgen machen.

Die Zeit nach Papa schien Olga eine ununterbrochene Kette von Tagen mit Hausarrest auf ihrem Zimmer, weil sie unordentlich war, weil sie Stunden um Stunden über den Hausaufgaben vertrödelte, ohne fertig zu werden. Großmama ist gemein! So was sagt man nicht, Olga, man denkt es nicht mal! Sie meint es nur gut mit dir. Die Schule ist das Wichtigste, und du bist in deinen Leistungen so abgefallen. Mutters Stimme war körperlos, sie hatte noch immer kein deutliches Gesicht, obwohl sie jetzt nicht mehr so oft mit Migräne im verdunkelten Schlafzimmer lag, sondern meist bei Großmutter im Wohnzimmer saß und strickte.

Damals hatte sie sich so allein gefühlt wie nie zuvor. Lars war meist irgendwo unterwegs, wenn er nicht gewesen wäre, wäre sie vielleicht von zu Hause weggelaufen. Aber wohin? Wie lange war sie durch das Nebelmeer gewatet? Monate? Jahre? Später hatte sie diese graue Zeit des Stillstands ganz aus ihrem Gedächtnis gelöscht. Irgendwann wurde es dann wieder Frühling, wurde es Sommer. Die Farbe kehrte nach und nach in die Dinge zurück. Als ihr keiner mehr verbieten konnte, mit Lars auszugehen. Als sie mit Lars verreiste. Als sie sich mit Uwe verlobte.

Der Pfarrer rief die Gemeinde auf, das Vaterunser zu beten, für die Lebenden und im Gedenken an die Toten. Olga kämpfte sich auf die Beine, mit den anderen, die sich um sie her erhoben, ihre Knie schmerzten und sie merkte, dass sie fror, während sie halbherzig mitmurmelte.

Da waren ihre guten Jahre angebrochen, das Leben schien ihr jetzt wohlzuwollen, sie stand mitten im Leben, zwischen ihren baumlangen Kerls, die sie um die Wette liebten und beschützten. Bald schon gab es Viola und es gab Paul, sie hatte Lars an ihrer rechten und Uwe an ihrer linken Seite und vorne hielt sie ihre beiden Kinder fest an sich gedrückt. Bis das Schreckliche einmal mehr über sie hereinbrach, bösartig, hinterrücks.

»Wenn ich einmal soll scheiden,
so scheide nicht von mir.
Wenn ich den Tod muss leiden,
so tritt denn du herfür!«

Lars war an einem ganz gewöhnlichen Sonntag tödlich verunglückt. Es hatte ihn mit dem Motorrad aus der Kurve getragen. Das Wort »getragen« klang so sanft, wo er doch in Wirklichkeit von einer unsichtbaren Hand mit schauerlicher

Wucht in die Luft geworfen und zu Boden geschmettert wurde, an einem ganz gewöhnlichen Sonntag, sofort tot, schon bevor der Krankenwagen eintraf. Dabei hatte es nur ein bisschen geregnet, die Fahrbahn war nur ein bisschen schmierig gewesen, nicht einmal richtig nass, überhöhte Geschwindigkeit, hieß es, und tatsächlich liebte er es, auf seiner Maschine dahinzufliegen, wahrscheinlich hatte ihn die Abendsonne in der Kurve plötzlich geblendet, nach dem Gewitter, so war es später rekonstruiert worden. Er befand sich auf dem Weg nach Hause, nachdem sie zusammen Tennis gespielt hatten, Lars und Uwe, Olga und Gerda, die eine Freundin von Gesine war und manchmal für sie einsprang. Olga hatte ihn noch gefragt, ob er nicht zum Abendessen bei ihnen bleiben wollte. Doch er sagte, er wolle zeitig genug zurück sein, um Valentin ins Bett zu bringen, seinen kleinen Sohn. Olga hatte am Herd gestanden und gekocht, als der Anruf kam, sie hörte Uwe im Hintergrund am Telefon und drehte sich wie in Zeitlupe um, als seine Sätze zerbröckelten und seine Stimme wegkippte, sie rannte zu ihm, den Kochlöffel in der Hand, um ihm den Hörer zu entreißen und Nein! hineinzuschreien, immer wieder, sie schrie Lars' Namen und Nein! Nein! und hörte überhaupt nicht mehr auf zu schreien.

Als Uwe ihr ein Jahr später verkündete, dass er sie verlassen werde, da war es schon lange kalt an Olgas beiden Seiten. Uwe hatte erklärt, es sei weniger wegen Gerda, als wegen ihrer, Olgas, Gleichgültigkeit, weil sie nichts, aber auch gar nichts getan habe, um diese Ehe zu retten, also eigentlich, weil er gemerkt habe, wie zutiefst gleichgültig er ihr sei. Sie sei nie erwachsen geworden, behauptete er. Erwachsen sein hieße, die Dinge akzeptieren, wie sie sind. Ihre Kälte, zusammen mit der Weigerung, endlich erwachsen zu werden, könne er nicht länger ertragen. Dabei hatte er doch früher gerade das Kindliche an ihr geliebt, sie jedenfalls immer so gern »mein Kleines« genannt. Während die Leere auf der Seite, wo Lars gewesen war, ganz plötzlich kam, wurde es auf Uwes Seite nach und nach immer zugiger, bis auch dieser Platz plötzlich leer war, und sie stand allein und presste Viola und Paul an sich.

»Wenn einst am allerbängsten
wird mir ums Herze sein,
so reiß mich aus den Ängsten
kraft deiner Angst und Pein.«

Die Frau mit dem Rüschenkragen vor ihr schnaubte geräuschvoll ins Taschentuch. Das Orgelspiel schien das Ende des Trauergottesdienstes anzuzeigen. Vorne bewegte sich etwas, die Leute in den ersten Reihen standen auf. Wenn sie den Sarg zum Mittelgang heraustragen würden, würden ihre Kinder mit Gerda an ihr vorübergehen. Sie glaubte nicht, dass sie das ertragen könnte. Sie würde sich nicht auf den Beinen halten können. Kraft ihrer Angst und Pein. Doch dann entstand ein Sog in die andere Richtung, nach vorne links, offenbar hatte man eine seitliche Tür geöffnet, durch die der Trauerzug sich hinaus auf den Friedhof schob. Olga erhob sich mit steifen Beinen und trottete in der Menge mit.

Sie kannte die Gaststätte nicht, wo man anschließend essen wollte; sie wusste nicht, wie sie dahinkommen sollte, sie fürchtete sich vor den fremden Menschen und vor der Begegnung mit Viola und Paul. Sie war so viele Jahre nicht mehr hier gewesen, dass ihr der Name der Straße nichts sagte. Vom Bahnhof aus hatte sie einfach nur den Bus zum Friedhof nehmen müssen. Nicht gut zu Fuß heute, gar nicht gut zu Fuß. Natürlich verstand sie, dass die Kinder vor der Beerdigung viel mit Gerda zu regeln hatten. Doch bis gestern Abend hatte sie gehofft, Viola werde sich melden und ihr anbieten, sie im Auto mitzunehmen.

Die Menschen drängten sie auf das offene Grab zu. Ihr war übel. Gab es denn auf diesem Friedhof nirgends eine Bank? Sie wusste nicht, vor was genau sie Angst hatte, nur dass sie sich mehr vor Viola fürchtete als vor Paul. Er war jetzt schon sechzehn Monate für seine Firma in Sydney, anfangs war nur von einem Jahr die Rede gewesen, doch er hatte bereitwillig zugestimmt, als sie seinen Aufenthalt verlängerten.

Wenn die Dinge wären, wie sie sein sollten, dachte Olga, dann hätte heute ich statt Gerda in der ersten Reihe gesessen, Viola und Paul rechts und links neben mir. Es sind schließlich Uwes und meine Kinder. Aber wenn alles seine Ordnung gehabt hätte, wäre Uwe heute vielleicht noch gar nicht tot, vielleicht war sie irgendwie auch noch für seine Krankheit mit verantwortlich. Nicht auszuschließen, dass Viola es so sah. Weil du nicht erwachsen geworden bist. Weil du dich damals nicht am Riemen gerissen und die Dinge einfach hast laufen lassen. So dass dein Leben aus dem Ruder gelaufen ist. Meinte sie: unser aller Leben, auch Pauls und das ihre?

Es hatte am Vortag länger geregnet, und der lehmige Boden war, sobald man einen Schritt vom Kiesweg abkam, schon im weiten Umkreis um das Grab herum matschig getrampelt. Sie hatten das Erdloch und ein Geviert darum herum mit grünen Kunststoffmatten ausgelegt. Olga versuchte, sich so weit wie möglich am Rande zu halten; sie ging ein paar Schrittchen, blieb wieder stehen, sie verrenkte den Kopf vor und zurück, um zugleich vorne nach den Kindern und hinten nach einer Sitzgelegenheit Ausschau zu halten, und erntete wiederholt unfreundliche Seitenblicke deswegen, während sie anhaltend vorwärtsgedrückt wurde. Auf einmal fand sie sich auf der anderen Seite des offenen Grabes Paul und Viola gegenüber, die dort mit Gerda aufgereiht standen, Gerda zwischen Paul und Viola, und den Händedruck der vorüberziehenden Kondolierenden entgegennahmen.

Ihr Blick umfasste die beiden in Sekundenschnelle: Viola, sehr schlank, sehr blass, ganz kurze Haare, verschlossene Miene in dem eigenwillig kantigen Gesicht, in einem schwarzen Hosenanzug, starrte geradeaus, ohne Olga zu bemerken. Paul, noch viel größer, als sie ihn in Erinnerung hatte, überragte sowohl die unscheinbare Gerda als auch seine Schwester um Kopfeslänge, sehr stattlich in schwarzer Hose, schwarzer Jacke über dunkelgrauem Rolli. Es tat weh, sie da stehen zu sehen, als gehörten sie zu Gerda.

Auch damals, bei Lars' Beerdigung, war sie so am Rande gestanden, während sich die Kondolierenden um Gesine, Mutter und Großmama drängelten, ihnen die Hand reichten oder sie weinend umarmten, während sie, Olga, eine bloße Nebenfigur gewesen war, die Nummer vier oder fünf, das fünfte Rad am Wagen unter »ferner liefen«.

Die Kinder mussten sie doch längst gesehen haben! Sie war schon ihrer Leibesfülle wegen nicht einfach zu übersehen, ebenso breit wie groß, unübersehbar in schwarzer Wallehose, schwarzer Hängebluse, mit dem schwarzen Strick-Poncho darüber, der übrigens inzwischen von Feuchtigkeit vollgesaugt war. Sie hatte ihn trotz des regnerischen Wetters anziehen müssen, weil sie keinen dunklen Mantel besaß. Sie wünschte, sie könnte sich unsichtbar machen, und wurde im selben Augenblick von einem Hustenanfall geschüttelt, der alle zu ihr herschauen ließ.

Sie registrierte, wie Violas Augen sich vor Entsetzen weiteten, bevor sie betont das Gesicht abwandte. Paul lächelte schwach herüber und nickte ihr kaum merklich zu. Olga fühlte einen stechenden Schmerz in der Brust und schüttelte sich im Hustenkrampf, neben ihr standen nur noch vier oder fünf Personen, die vor ihr an der Reihe waren, ans Grab zu treten, Blumen oder Erde zu werfen. Sie bekam plötzlich keine Luft mehr, blieb stehen und schwankte. Hilfreiche Hände streckten sich nach ihr aus, klopften ihr auf den Rücken. Hinter ihr entstand eine Gasse, durch die sie erst rückwärtstaumelte, bis sie sich umdrehte und floh, vom Grab fort, auch fort vom Friedhofstor, durch das sich einzelne Gestalten bereits entfernten, wieder zurück zur Kapelle, vor der sich eine Bank befand. Erst dort ließ der Husten nach. Ihre Hosen waren bis zu den Knien mit Lehm bespritzt. Ihr Gesicht fühlte sich heiß an, ihre Augen schwammen in Tränen. Du bist einfach peinlich, Mama, sagte Viola in ihrem Kopf, kannst du dich nicht wenigstens bei Papas Beerdigung benehmen? Ihr wurde schwarz vor den Augen, sie schloss sie ganz fest und lehnte sich für besseren Halt rückwärts gegen die kalten Steine der Kapellenmauer. Sie wünschte, sie wäre an Uwes Stelle tot. Sie wünschte, sie wäre zu Hause geblieben, in der Sicherheit ihrer Wohnung, wäre heute gar nicht erst aufgestanden.

Mama!, sagte Paul mit besorgter Stimme.

Paul, sagte sie und öffnete die Augen. Er beugte sich über sie und lächelte sie so lieb an, die Hände auf ihren Schultern.

Ist dir wieder besser?

Ja, ja, sagte sie, stand auf und ließ sich von ihm umarmen. Er musste sich zu ihr hinunterneigen und konnte sie trotz seiner langen Arme nicht ganz umfassen. Er roch so gut, nach Paul und etwas anderem. Sie weinte. Aber dafür gab es jetzt zum Glück mehrere gute Gründe. Außerdem begann es wieder zu nieseln.

Paul machte sich sanft los und öffnete einen großen, schwarzen Schirm über ihr. Du fährst mit uns, Mama, das Auto steht gleich beim Tor. Es sind nur zehn Minuten bis zum Restaurant. Viola ist mit Gerda gefahren.

Jetzt erst sah sie die junge Frau, die im Hintergrund gewartet hatte und nun langsam auf sie zutrat. In Olgas Jugend hätte man eine solche Erscheinung eine »junge Dame« genannt, groß und blond, ein offener, knapp geschnittener grauer Kurzmantel über einem eleganten anthrazitfarbenen Kostüm, Kaschmir vermutlich, lange Beine in schwarzen Stiefeln. Das ist Doreen, Mama, sagte Paul, Doreen Foster. Sie war so lieb, mich zu Papas Beerdigung zu begleiten. Auch um euch kennen zu lernen, dich und Viola. Wir wollen im Sommer heiraten.

18. IM GOLDENEN ANKER

Als sie die Gaststätte Zum Goldenen Anker betraten, schwappte ihnen wohlige Wärme entgegen. Die anderen Trauergäste saßen schon über ihre Rinderkraftbrühe gebeugt, etwa dreißig Leute, halblaut vor sich hinmurmelnd und gemessen in sich hineinlöffelnd. Paul befreite sie von dem feuchten schweren Poncho und führte sie an ihren Platz. Sie war plötzlich abgrundmüde. Starrten alle sie an? Unsinn, niemand wandte auch nur den Kopf nach ihr. Sie schob sich hinter ihrem Sohn zwischen den Tischen hindurch wie eine alte Frau, setzte Schrittchen vor Schrittchen, als ob sie nach schwerer Krankheit zum ersten Mal wieder auf Beinen stände, denen man noch nicht trauen konnte. Wann hatte sie zuletzt mit anderen in einem Restaurant dieser Klasse gesessen, wann überhaupt irgendwo auswärts gespeist? Immer war es nur der hastig, mit schlechtem Gewissen verzehrte Döner, das Big-Mac-Sparmenü oder ein Happen im Nordsee-Imbiss, immer allein. Olga blickte stur geradeaus, bis sie sich endlich auf ihren Stuhl fallen lassen konnte, und die Menschen um sie herum verschwanden in einem gnädigen Nebel.

Die warme Suppe im Magen dämpfte ihre Panikstimmung. Paul beschützte sie ja. Er hatte neben ihr und die damenhafte Doreen Foster ihr gegenüber Platz genommen. Zürcher Geschnetzeltes mit Reis, wie das duftete. Schon lange hatte sie so etwas Gutes nicht mehr bekommen. Sie wollte sich auf die Mahlzeit stürzen, schon um nicht über Pauls Ankündigung nachdenken zu müssen, doch sie fürchtete sich davor, zu gierig zu wirken. Paul wollte heiraten. Sie musste sich alle Mühe geben, nicht aufzufallen. Diese fremde affektierte Frau. Sie dürfte sich nur ja nicht danebenbenehmen. Anfangs wagte Olga nicht einmal, sich richtig in der Gaststätte umzusehen. Wieso gleich heiraten? Er hatte ihr noch nicht mal von dieser Freundin erzählt.

Zum Schluss wurde eine herrliche Mousse au Chocolat serviert. Doreen ließ doch wahrhaftig die Hälfte davon stehen! Olga unterdrückte den brennenden Wunsch, deren zurückgeschobenes Dessertschälchen zu sich herüberzuziehen, sich über die Reste herzumachen. Mousse hat doch euer Vater so gern gegessen, flüsterte sie stattdessen Paul zu, der gerade Uwes Cousin Auskunft über die Verbindungen Frankfurt – Sydney gab. Er runzelte die Stirn. Kein Direktflug, erklärte er, schien ihr nur mit halbem Ohr zuzuhören. Viola hat das Menü ausgewählt, sagte er bloß.

Viola saß am Tisch gegenüber, an Gerdas Seite. Olga musterte sie verstohlen aus den Augenwinkeln. Am Nebentisch registrierte sie außerdem Uwes Schwester Renate und seine uralte Mutter, der sie seit der Scheidung nicht mehr begegnet war. Viola sah ähnlich aus wie sie selber, Olga, in den Zeiten des roten Kleides, nur war sie noch schlanker. Warum zog sie sich bloß so karg und streng an? Dann bemerkte sie, stutzend, auch Yvonne, Violas Lebensgefährtin, die zu ihr herüberblickte. Lächelte sie etwa? Viola dagegen vermied noch immer den Blickkontakt. Irgendwann, ganz bald, spätestens, wenn nach dem Dessert der Kaffee serviert wurde, würde sie hinübergehen und Gerda kondolieren müssen. Sie zitterte bei dem Gedanken, von ihrer Tochter vor allen Augen bloßgestellt zu werden. Doch was waren das für Hirngespinste, so etwas würde Viola gewiss nicht tun, wenn schon nicht ihretwegen, dann doch ihrem verstorbenen Vater und Gerda zuliebe.

Uwes Cousin erzählte vom Selbstmord eines Bekannten, der sich im Glauben, er leide an einem Hirntumor, vor kurzem im Badezimmer seines Reihenhauses erschossen hatte. Eine bloße Wahnvorstellung, erzählte der Cousin, denn er war gesund, zumindest physisch, und welche Aggression gegenüber der Ehefrau, die ihn dort finden musste! Für einen Augenblick hing wieder Vater an der Leiter im Gartenhaus und streckte dem kleinen Mädchen die Zunge heraus. Olga schüttelte sich, schüttelte das Bild fort. Der Cousin schien ihre Geschichte nicht zu kennen oder sich zumindest nicht daran zu erinnern. Aber Paul. Paul hätte doch darauf achten müssen, dass in ihrer Gegenwart nicht so geredet werden durfte. Der Cousin schien Olga kaum wahrzunehmen. Sie war wohl zu empfindlich. Beim Leichenschmaus redete man immer als Erstes von denen, die gerade gestorben waren, und von denen, die bald sterben würden, bevor sich das Gespräch wieder Alltäglichem zuwandte. Das mit den Aggressionen war blanker Unsinn. Wahrscheinlich war es Vater überhaupt nicht in den Sinn gekommen, dass am ehesten Olga das Gartenhaus betreten würde. Nie hätte er seinem kleinen Mädchen so etwas angetan, wenn er noch klar hätte denken können. Inzwischen war am Tisch vom Brustkrebs einer gewissen Annemarie die Rede, die weder sie noch Paul kannten, schon alles voller Metastasen, gleich wieder zugemacht und so jung noch.

Dass Paul neben ihr saß, auch wenn er mehr mit den anderen als mit ihr redete, vermittelte ihr ein bisschen Sicherheit zwischen all den fremden Menschen. Dennoch fror sie tief innen immer noch. Uwes Cousin fuhr fort, sie zu ignorieren. Seine Frau, die sie nie gemocht hatte, meinte, dass Uwes Mutter sich wunderbar halte, mit ihren 92 Jahren, die alte Frau sei wohl schon ein bisschen verwirrt, vielleicht sei deswegen der Tod des Sohnes gnädig an ihr vorübergegangen. Niemand schien anzunehmen, dass Olga sonderlich um den Tod ihres geschiedenen Mannes trauerte, und eigentlich stimmte das ja. Sie war nur ihrer Kinder wegen gekommen.

Olga wusste nicht, mit wem sie reden und wohin sie schauen sollte, nachdem der leere Dessertteller abgeräumt war und keinen Halt mehr bot. Paul erzählte jetzt von Sydney, von seinem Job. Im Büro der Firma habe er auch seine Verlobte kennen gelernt, die Tochter des Chefs, und er lächelte Doreen zu, wie um sie bei Laune zu halten, da sie kaum etwas verstand und sich sichtbar langweilte. Wie sollte man mit der zukünftigen Frau des Sohns ins Gespräch kommen, wenn die offenbar kaum Deutsch sprach? Sogar Pauls Namen sprach sie englisch aus, Olga zuckte jedes Mal zusammen, wenn dieses schrecklich gezierte »Pohl« fiel.

Paul has told me so much about you and Violet, sagte Doreen. Was wohl, dachte Olga und blickte stumm von ihrer makellosen Schwiegertochter in spe auf die weiße Tischdecke, die unmittelbar vor ihr hässlich verfleckt war. Typisch, dachte sie, obwohl sie sich solche Mühe gegeben hatte, Löffel und Gabel achtsam zu Munde zu führen. »Violet«, sagte Doreen. Für Olga hatte sie keine Anrede.

Wir wollen schon bald heiraten, erzählte Paul den Verwandten aus München. Der 6.6. ist doch ein schönes Datum, ergänzte er in Richtung seiner Mutter, um Zustimmung heischend. Und wir gehen ganz fest davon aus, Doreen und ich, dass ihr beiden, du und Viola, zu diesem Anlass herüberfliegt.

Natürlich bezahlen wir deinen Flug, Mama. Keine Widerrede. Doreen hat eine so riesige Familie, dass es unsinnig wäre, in Deutschland zu heiraten. Tell them how many uncles and aunties you've got, sweetie, forderte er Doreen auf, and how many nephews and nieces. Wohl an die vierzig, das ist ein unglaublicher Clan. Ich habe auch Gerda zu unserer Hochzeit eingeladen, das macht dir doch nichts aus, Mama?

Du wirst also in Sydney bleiben, brachte sie mühsam hervor.

Ein Jahr, hatte er damals gesagt, eines oder höchstens zwei, das befördert die Karriere, wenn ich wieder zurück in Deutschland bin. Italien oder Spanien oder selbst Amerika wären besser gewesen, hatte sie schon bei seinem Aufbruch gedacht, alles wäre besser als Australien, und wie recht sie damit behalten hatte, nachdem er jetzt an dieser Doreen hängengeblieben war – wieso gerade die, nachdem er ihres Wissens in Deutschland nie zuvor eine Freundin gehabt hatte? Nun würde er für den Rest seines Lebens auf der anderen Seite der Welt wohnen. Als hätte sie nie einen Sohn gehabt. Nichts war ihr geblieben. Männer kommen und gehen, hatte Hilde gesagt, meistens gehen sie, aber ihre Kinder hatten eine Frau fürs Leben. Von wegen, Mutter. Zwar hattest du mich fürs Leben, doch ich habe niemanden. Keinen Sohn und keine Tochter mehr.

Paul sah beinahe schon aus wie Uwe, als sie dem zum letzten Mal begegnet war. Sein Haaransatz war an den Schläfen weit zurückgewichen, bald würde er kahl sein wie sein Vater. Dabei hatte er als kleiner Junge so himmlische blonde Locken gehabt.

Sie starrte ihn an, er erwartete doch jetzt warme Zustimmung von ihr, Freude über seine bevorstehende Hochzeit, die sie mühsam zu mobilisieren versuchte, während sie von Erinnerungen bestürmt wurde. Sie konnte sich ihn noch so deutlich als Baby vorstellen. Wie wunderbar sein Haar gerochen hatte, wenn sie sich über die Wiege beugte. Wie er Trost suchend an ihren Fingern nuckelte, als die ersten Zähnchen kamen, und sie dabei mit ängstlich fragenden Augen musterte. Wie er Nacht für Nacht geweint hatte, wegen dieser schrecklichen Blähungen, und Uwe, der ihn herumtrug, ganz ungeduldig geworden war. Du musst sein Bäuchlein massieren, im Uhrzeigersinn, sagte sie, gib ihn schon mir! Und irgendwann war er dann auf ihrem Arm eingeschlafen, sein tränennasses kleines Gesicht gegen ihre Schulter gepresst. Und jetzt saß da dieser Fremde, Paul, ein glatter, selbstbewusster junger Mann, und gab wortgewandtes Nichts von sich.

Ach Mutter, das sind doch alles keine Entfernungen in der globalisierten Welt. Ich werde in der Firma schon bald für die europäischen Kontakte zuständig sein, und dann bin ich dauernd in London und Paris und natürlich auch bei euch. If you don't mind, love, sagte er zu Doreen, die etwas zu verstehen schien und die Stirn runzelte, I know you won't mind, you will accompany me.

Olga musste heftig aufstoßen und presste ihr Taschentuch an den Mund.

Am Nebentisch erkannte sie ihren früheren Nachbarn aus dem Akazienweg, mit dem sie damals zumindest losen Kontakt hatten, jetzt war er seit vielen Jahren Gerdas Nachbar. Auch dessen Augen schweiften grußlos über sie hinweg. Und war das nicht Uwes Kollege Hanspeter, der einen Sohn in Violas Alter hatte? Die beiden waren zusammen eingeschult worden. Nur leere Blicke streiften sie. Niemand schien Olga zu erkennen. Niemand grüßte sie. Es gab sie nicht. Sie war schon lange aus dieser Welt gefallen.

Wir würden gern in den nächsten Tagen noch bei dir vorbeikommen, Doreen und ich, sagte Paul auf einmal, und vielleicht kommt ja auch Viola mit.

Wie schön!, sagte Olga und erstarrte. Sie sah die beiden durch den Spion ihrer Wohnungstür im Treppenhaus stehen, sah sich selber, wie sie öffnete, ganz langsam, wie in Zeitlupe, sah Doreen ungläubig in den zugemüllten Flur hineinspähen und dann in blankem Horror zurückzucken. What's that, Paul! Such a horrible mess, mess, mess, Paul! Never seen anything like that, Paul. Never in my life.

Passt es dir übermorgen?, fragte Paul. Morgen, denke ich, gibt es noch eine Menge mit Gerda zu besprechen, und am Freitag müssen wir schon wieder zurückfliegen.

Hatte er nicht am Telefon verkündet, er werde eine Woche bleiben? Schnee von gestern. Da war auch noch von keiner Doreen die Rede.

Sehr schön, wiederholte sie mechanisch, während sie ihr Hirn zermarterte. Wie die beiden fernhalten und Paul dennoch sehen?

Sollen wir mittags kommen oder zum Abendessen?, fragte er weiter.

Sie war auf Doreen nicht vorbereitet. Sie hatte sich darauf gefreut, ihren Sohn, der früher meist auch ein bisschen auf Kriegsfuß mit der Ordnung gestanden hatte, in ihrem Wohnzimmer zu empfangen, das sie noch einmal irgendwie halbwegs freizuräumen gedachte. Sie hätte es schon geschafft, ihn vom Balkon, vom Schlafzimmer und vielleicht sogar von der Küche fernzuhalten.

Wie erklärt man dem Sohn, dass man ihn nicht in der eigenen Wohnung empfangen will beziehungsweise kann?

Ihr könnt mich leider nicht zu Hause besuchen, murmelte sie schwach, während ihre Gedanken hin und her rasten. Müllsäcke allüberall. Die Kätzchen noch nicht stubenrein. Die vollgestopfte Höhle des Wohnzimmers. Die desolate Küche. Kein Geld, was zu kochen. Die Heimsuchungen der Frau Gerbsal, der sie womöglich begegnen, die vielleicht sogar mit ihnen reden würde. All das dürfte sie nicht laut sagen.

Paul blickte sie verständnislos an.

Handwerker!, rief sie plötzlich. Der Installateurbesuch vor zwei Wochen lieferte ihrer Phantasie blitzartig einen wundervollen Vorwand.

So gern hätte ich richtig schön für euch beide gekocht, fuhr sie lebhaft fort, doch meine Wohnung ist zurzeit die reinste Baustelle. Neue Heizungsrohre. Alle Wände aufgerissen, ein furchtbarer Dreck, die Wohnzimmermöbel stehen aufeinandergetürmt in der Mitte des Raums, von einer Kunststoffplane bedeckt. Ich kann mich in diesen Tagen nur in der Küche aufhalten, die auch völlig zugestellt ist. Sie sah das alles ganz deutlich vor sich.

Ach du Arme, kommentierte er mitfühlend, wie lange musst du denn diesen unerfreulichen Zustand noch aushalten? Sie verständigten sich ohne weiteres darauf, dass sie sich stattdessen übermorgen um sechs Uhr beim Dionysos am Goetheplatz treffen wollten. Olga seufzte erleichtert.

Wir können ja gleich mal Viola fragen, ob sie auch kommen möchte.

Das Wechselbad der Gefühle wollte kein Ende nehmen. Kaum hatte sie sich mühsam durch Scham und Schrecken gekämpft, machte die Erwähnung Violas die Vorfreude wieder zunichte.

Solltest du nicht ohnehin mal hinübergehen und ein paar Worte mit Gerda sprechen?, fragte Paul vorsichtig.

Olgas Magen krampfte sich zusammen. Sie sah Viola am Nebentisch mit ihrer Freundin Yvonne tuscheln. Deren alberner Kosename »Flöckchen« fiel ihr wieder ein. Absurderweise war das die Anrede, mit der ihre Tochter diese große, grobknochige Frau bedachte, zumindest vor einem guten Jahr angeredet hatte, als sie mit ihr zusammenzog.

Olga war auf einmal schrecklich übel. Wahrscheinlich hatte sie zu schnell in sich hineingeschlungen. Seit Jahren hatte sie nicht mehr so wundervoll gegessen, und jetzt war ihr zur Strafe schlecht.

Paul hat recht, du musst hinübergehen und mit Gerda reden und dabei Viola begrüßen, mahnte sie sich, Übelkeit hin oder her, du musst es tun, in dieser Minute noch!

Stattdessen erhob sich, als wolle sie ihr einen Strich durch die Rechnung machen, am Nebentisch Viola und trat zu ihnen heran. Guten Tag, Mutter, wie geht es dir?, sagte sie förmlich und sah Olga für Sekunden in die Augen, kühl, voll kalkulierter Gleichgültigkeit, bevor sie sich an Paul wandte: Wegen der Rechnung, Paul, sagte sie, Gerda meint, ob du vielleicht … Den Rest hörte Olga nicht mehr, er verschwand in dem gewaltigen Dröhnen, das plötzlich ihren Kopf erfüllte.

Sie stemmte sich an der Tischplatte hoch und bewegte sich in Richtung Toilette, der Weg dorthin war zum Glück mit einem gut sichtbaren Schild über dem Durchgang neben der Theke angezeigt. Sie dachte, sie müsste sich übergeben, als sie in eine der beiden Zellen stolperte, doch es blieb beim Würgen, vergeblich und qualvoll. Sie hockte lange auf dem Sitz, dann zog sie ab und hielt ihre Hände unter den kalten Wasserstrom in der Kloschüssel, presste sie an die Stirn, die Schläfen.

Der Weg zum Waschbecken war zu weit und sie mochte den schützenden Ort nicht verlassen.

Als sie zehn Minuten später wieder an ihren Platz zurückschlich, waren Paul, Doreen und Viola verschwunden. Nur Gerda saß da noch neben Yvonne, blass, in sich zusammengesunken, eine kleine graue Maus im schwarzen Kostüm, und nickte ihr traurig zu. Olga erwiderte ihren Blick hilflos, mit geweiteten Augen, es tut mir so leid, wollte sie sagen, so leid, alles! Sie konnte sich nicht überwinden, auf ihre Nachfolgerin zuzugehen, obwohl sie ihr wirklich gern etwas Freundliches gesagt hätte. Da sie selber nichts in Bezug auf Uwes Tod empfand, war sie eigentlich dankbar, dass Gerda es tat. Sag ihr wenigstens einen mitfühlenden Satz! Doch ihr Inneres war wie gefroren. Einen Augenblick schien es, als wolle Gerda aufstehen und ihrerseits herüberkommen, doch dann wurde sie glücklicherweise von einem bärtigen älteren Mann in ein Gespräch verwickelt.

Flöckchen schaute unverwandt zu ihr herüber. Mit ihr will ich ganz bestimmt nicht reden, dachte Olga und klammerte sich an ihre Stuhllehne. Es war ziemlich stickig hier, sie musste fort, raus an die frische Luft, sonst würde sie sich vielleicht noch mitten im Gastraum übergeben. Ist was?, fragte Uwes Cousin über den Tisch. Sie schüttelte heftig den Kopf, drehte ihm und allen anderen den Rücken zu und ging wie eine Schlafwandlerin auf den Ausgang des Lokals zu. Das blasse Weinrot der Stuhlpolster, der Teppiche und der Tischläufer unter den kleinen, weißen, quadratischen Leinentüchern zerfloss vor ihren Augen zu einer einzigen großen roten Lache. Unbeachtet, wie sie gekommen war, ging sie wieder. Irgendwo im Vorraum musste sich ihr klatschnasser schwarzer Poncho befinden, doch damit konnte sie sich jetzt nicht aufhalten, zumal er nur eine Last war, weder Schutz vor Regen noch vor Kälte bot. Paul würde sich bestimmt um ihn kümmern.

Vor dem Lokal wartete ein Taxi.

Sie haben bestellt? Für Dr. Lamm?, fragte der Fahrer.

Ja, behauptete Olga, bitte zum Bahnhof. Auf zehn Euro kam es jetzt auch nicht mehr an.

19. FLÖCKCHEN

Flöckchen war Altenpflegerin im Hildegundisstift, wo Olga die Mutter wenige Wochen nach deren zweitem Schlaganfall untergebracht hatte, als sie selber nicht mehr konnte. Dort waren sie ihr am Tag von Mutters Einlieferung zum ersten Mal begegnet, sie und Viola, die dem Krankentransport in Violas Wagen gefolgt und etwa gleichzeitig mit ihm im Pflegeheim eingetroffen waren. Während sie die Formalitäten an der Rezeption klärten, wurde Hilde von einer Pflegerin abgeholt, Mitte dreißig, groß und athletisch, etwas vierschrötig, befand Olga skeptisch, die sich als Schwester Yvonne Pflocke vorstellte. Sie sprach es wie I-Wonne aus. Die Mutter hing mehr im Rollstuhl, als dass sie saß, sie hatte schwer Schlagseite nach rechts, gleich wird diese Frau sie auf den Boden kippen!, dachte Olga, es fiel ihr schwer, sich auf das Formular zu konzentrieren, das sie gerade ausfüllte. Sie war drauf und dran, hinter den beiden herzulaufen, die sich den Gang entlang entfernten, und die Krankenschwester um etwas mehr Achtsamkeit zu bitten.

Das ist ihr Job, sagte Viola, geh mal davon aus, dass sie weiß, was sie tut.

Als sie zehn Minuten später das angegebene Zimmer betraten, lag Hilde schon im Bett und Yvonne Pflocke war dabei, ihr das Bettjäckchen anzunesteln. Der Arzt kommt gleich, um sie zu untersuchen, erklärte sie, das geht hier am besten. Olga hatte für die Prozedur des Ausziehens immer eine gute halbe Stunde benötigt.

Nettes Zimmer!, bemerkte Viola, sich umschauend. Schwester Yvonne griente. Ihr blasses Gesicht, von rotblonden, glatten, schulterlangen Haaren gerahmt, war über und über mit Sommersprossen bedeckt. Was findet sie so komisch an dieser Situation?, dachte Olga, die sich schrecklich düster fühlte.

Wie lieben gnädige Frau ihr Bett?, fragte Yvonne Hilde in schäkerndem Tonfall. Ein bisschen höher? Ein bisschen tiefer? Und sie ließ das Oberteil des Bettes einmal ganz steil aufsteigen und dann wieder ganz nach unten fallen, so dass Hilde wie ein Kind auf der Wippe geschaukelt wurde. Olga erstarrte. Sie unterdrückte eine scharfe Bemerkung, weil sie das Personal, von dem ihre Mutter abhängig sein würde, nicht gleich zu Beginn gegen sich aufbringen wollte. Doch sie fand es unpassend, geradezu ärgerlich, wie respektlos diese junge Frau mit ihrer Mutter umsprang.

Viola lachte laut heraus. Die sommersprossige Pflegerin grinste abwechselnd sie und Hilde vergnügt an, und sogar die stumme, gelähmte Mutter, die Olga schon seit Stunden keines Blickes gewürdigt, seit Tagen nur apathisch vor sich hingestarrt hatte, verzog den Mund zu einer Art Lächeln.

Wir werden schon dafür sorgen, dass die Gnädige sich hier wohlfühlt, äußerte Yvonne selbstgefällig. Für Olga klang es wie eine Drohung.

Eine richtig nette Pflegerin, sagte Viola empathisch, nachdem sie den Raum verlassen hatte. Ich glaube, hier bist du gut aufgehoben, Omi.

Ich finde die Frau ziemlich aufdringlich, erwiderte Olga. Hildes Gesicht war wieder ausdruckslos. Sie will mich dafür bestrafen, dass ich sie hierhergebracht habe, dachte Olga. Ihr war zum Weinen zumute.

Das war der Anfang, und so ging es weiter. Manchmal, wenn Olga nach einem nur gehauchten Anklopfen Hildes Zimmer betrat, fand sie Flöckchen auf deren Bettkante sitzend vor. Was sich zwischen den beiden abspielte, war ihr verdächtig, obwohl sie es im Einzelnen nicht genau mitbekam, auf sie wirkte es jedenfalls wie ein distanzloses, würdeloses und damit übles Spiel. Schwester Yvonne schien Hilde leicht zu knuffen und mit den Fingern zu pieksen, während sie alberne Reime aufsagte, einmal überraschte sie sie auch bei einer Art von Fingerspiel, wie man sie für Kleinkinder aufführt. Nicht selten hörte sie die Mutter kichern, gelegentlich stieß sie unartikulierte Laute hervor, die wie ein Versuch zu lauterem Gelächter klangen und Olga peinlich berührten.

Wenn Olga hinzukam, unterbrach Yvonne, was immer sie mit der Mutter getrieben hatte, sie ordnete noch kurz Hildes Kissen und Decken und ließ dann Mutter und Tochter in einem wenig überzeugenden Anflug von Diskretion allein. Dann verfiel das Gesicht der Mutter wieder, das eben noch lebendig gerötet war. Sie starrte Olga, die sich zutiefst unbehaglich fühlte, unbewegt aus ihren beiden ungleichen Gesichtshälften an, der vertrauten und der verzerrten, so dass die sogleich begann, im Zimmer auf und ab zu laufen und dies und das zu räumen und zu ordnen, die mitgebrachte saubere Wäsche in den Schrank, Tätigkeiten, die nicht gar so dringend gewesen wären.

Ihre Mutter ist nicht so hilflos, wie es scheint. Sie ist innerlich ganz präsent, auch wenn sie nicht sprechen kann, erklärte Schwester Yvonne. Sie weiß ganz gut, was sie will, und noch besser, was sie nicht will, und sie versteht es, sich durchzusetzen.

Weiß ich selber, muss ich mir nicht erst von dir sagen lassen!, dachte Olga patzig. Und sie grübelte darüber nach, was diese Pflegerin eigentlich mit ihrer Mutter anstellte. Ging da alles mit rechten Dingen zu? Viola gegenüber, mit der sie gelegentlich im Pflegeheim zusammentraf, äußerte sie diesen Verdacht nicht. Stattdessen klagte sie: Ich glaube, deine Großmutter rächt sich bei mir dafür, dass ich sie ins Pflegeheim gebracht habe.

Selbst wenn, meinte Viola leichthin, mach dir nichts draus, das legt sich schon wieder. Du hast sie so lange gepflegt, wie du eben konntest. Dann hast du es einfach nicht mehr geschafft. Punkt. Setz dich an ihr Bett und sag es ihr. Dass es dir leid tut, aber keine andere Lösung gab. Außerdem sieht man doch, wie gut es Omi hier geht. Sie hat es wirklich gut getroffen, vor allem mit Schwester Yvonne.

Viola besuchte ihre Großmutter erfreulich oft. Manchmal stand sie, wenn Olga kam, schwatzend und rauchend mit Yvonne Pflocke auf dem Balkon am Ende des Flures. Omi ist gut drauf heute!, rief sie und winkte. Wie konnten die beiden nur so locker und heiter sein, umgeben von all dem Elend dieses Ortes, den verfallenen Kreaturen, die, schwer auf ihre fahrbare Gehhilfe gestützt, durch die Gänge krochen, den schrecklich leblosen Gestalten, die in ihren Rollstühlen im Flur an der Wand entlang aufgereiht hockten wie ausgestopfte Tiere. Schweren Herzens arrangierte Olga in Hildes Zimmer die mitgebrachten Wicken in einer Vase auf dem Tisch. Die würden den Uringeruch, der schwach im Raum hing, nicht vertreiben. Diese Yvonne sollte lieber Mutters Bettwäsche wechseln, statt mit Viola herumzualbern. Schau, Mutter, was für schöne Blümchen ich dir mitgebracht habe! Hilde schloss die Augen und wandte ihr Gesicht zur Wand. Der Druck, von dem Olga geglaubt hatte, er würde weichen, wenn sie die Last der Pflege nicht mehr hätte, war womöglich noch größer geworden.

Als Hilde gestorben war, verlangte Viola von Olga, sie möge auch Schwester Yvonne Pflocke zum Beerdigungsessen einladen. Sie hat so viel für Omi getan! Olga weigerte sich, sie mochte die Pflegerin am Ende ebenso wenig wie am Anfang, obwohl sie ihr zum Abschied ein großzügiges Trinkgeld überreicht hatte. Wir sind es ihr schuldig!, schimpfte Viola. Sie schmollte und insistierte, doch Paul schlug sich auf Olgas Seite, und so setzte Viola ihren Willen einmal nicht durch.

Wenige Wochen später fiel Olga aus allen Wolken, als Viola ihr mitteilte, dass sie sich in Flöckchen verliebt habe, dass sie ein Paar und bereits auf der Suche nach einer gemeinsamen Wohnung seien. Zu dieser Zeit hatte sie gerade ihr Psychologiestudium abgeschlossen, eine Stelle in einem Projekt für drogenabhängige Jugendliche angetreten, und Olga war sehr stolz auf ihre Tochter. Es war nicht Violas erste Frauenbeziehung, doch Olga hatte gehofft, diese Phase sei vorüber, als sich ihre Tochter mit einem sehr sympathischen Kommilitonen namens Rainer liierte, den sie und Hilde schon als Schwiegersohn gesehen hatten. Doch sie hatte nie mit Rainer zusammengelebt, und der war inzwischen schon eine ganze Weile Schnee von gestern. Stattdessen hatte die Altenpflegerin Yvonne Pflocke ihre Tochter umgarnt.

Doch nicht diese schreckliche Person!, hatte Olga im Affekt ausgerufen.

Was hast du gegen Flöckchen?, schrie Viola wütend. Damals hörte Olga den lächerlichen Kosenamen zum ersten Mal.

Er passte, fand sie, auf die große, ungelenke Yvonne wie die Faust aufs Auge.

Sie ist irgendwie unappetitlich, oder so was Ähnliches, hatte sie gesagt, weil ihr nichts Besseres einfiel, weil sie verwirrt war, weil sie weder Viola noch sich selbst ihre Animositäten erklären konnte, weil sie sich überrumpelt und enttäuscht fühlte. Es war ihr einfach so herausgerutscht. Wie oft hatte sie sich später verflucht dafür. Denn die grässliche Szene, die sich anschloss, hatte zum Bruch zwischen Viola und ihr geführt. Flöckchen hatte ihr Viola weggenommen.

Du hast das gerade nötig, so was zu sagen, schrie Viola, außer sich. Gerade du, so ein fettes, überaltertes Baby. Du wirst dich nicht in mein Leben einmischen, so eine lausige Mutter, wie du warst.

Wie Blei sanken diese und andere Beschimpfungen, die Viola ihr an den Kopf warf, Wort für Wort, Satz für Satz, auf den Grund von Olgas Seele, um dort liegenzubleiben. Vielleicht konnte sie sie nicht vergessen, weil ihre Tochter recht hatte.

20. FIEBER

Olga glühte. Sie wälzte sich im Bett von der einen auf die andere Seite, sie versuchte, sich hinter dem dicken Plumeau vor ihrer Mutter zu verbergen, die anklagend inmitten der schwarzen Müllsäcke unter der Dachschräge thronte und eine düstere Litanei vom Stapel ließ, Beschwerden, dass Olga sich nicht genug um sie kümmere. Kaum eingeschlafen, erwachte sie vom Gejammer der Mutter und vom eigenen Zähneklappern. Jetzt musste sie den schweren Leib der Mutter auf die Seite wälzen, weil die trotz der Windeln wieder eingenässt hatte, um die Bettwäsche zu wechseln. Auf die rechte Seite, auf die linke Seite, das Bett war nass, die Mutter roch nicht gut. Sie funkelte Olga an, mit vom Fieber glühenden Augen. Wo ist Lars? Warum bist du da und nicht Lars?, zeterte die Mutter. Olga verkroch sich unter dem voluminösen, nassgeschwitzten Deckbett, um sie nicht zu hören, und fror dennoch jämmerlich, sie nahm sich vor, Hilde zu ignorieren, mutig aufzustehen, in die Küche zu gehen, sich einen Lindenblütentee zu machen, aber der bloße Gedanke erschöpfte sie so sehr, dass sie gleich wieder einschlief.

Eine schlimme Erkältung hatte sie erwischt, vielleicht war es auch eine veritable Grippe. Schon während des ganzen Rückwegs von der Beerdigung, sogar im warmen Zug, hatte sie gefroren und war zu Hause sofort ins Bett gegangen. Am Morgen danach hatte sie noch gehofft, sie hätte die Krankheit ausgetrickst, hatte sich pflichtbewusst auf ihre frühe Runde begeben, immerfort niesend, wackelig auf den Beinen. Sie hatte nicht ganz bis zum Ende durchgehalten und die Hälfte der Zeitungen, hoffentlich unbeobachtet, in einen Papiercontainer gekippt. Das passierte ihr nun zum zweiten Mal. War aber doch ein Notfall. Das war Dienstag. War heute Donnerstag? Gestern hatte sie zum Glück frei, konnte sich ausschlafen, den ganzen Tag ausruhen, bis zum Abendessen beim Griechen. Diesem schrecklich missglückten Essen mit Paul und Doreen. Seitdem lag sie hier, schwitzend, quellend, dann wieder austrocknend und bis auf die Knochen frierend, sie bekam kaum Luft beim Schlafen und Wachen.

Manchmal nahm sie zwischen ihren Absenzen wahr, dass die Kätzchen laut schrien, jammerten und jaulten, manchmal schaute sie ihnen mit glasigen Augen dabei zu, wie sie über das Bett sprangen, sich gegenseitig über die umliegenden Halden aus Säcken und Kartons jagten. Katzentheater. Sie attackierten die schwarzen Plastiksäcke mit Zähnen und Krallen und zerrten deren Inhalt durch den schmalen Schlafzimmerpfad in den Flur, eine schöne Sauerei, doch Olga war viel zu schwach, um ihnen Einhalt zu gebieten. Zwischendurch baute sich Samantha drohend vor ihr auf wie ein schwarzer Dämon und miaute mit steil gerecktem Schwanz durchdringend. Aus dem Halbschlaf hochschreckend, fiel ihr plötzlich ein, dass sie sie seit zwei Tagen nicht mehr gefüttert hatte, ja, dass es gar kein Katzenfutter mehr gab! Auch keine Fischdosen weit und breit. Irgendwann zwischendurch hatte sie sich nochmal Spaghetti mit Thunfisch gemacht, es war die letzte Dose, und die Reste, weil ihr die Mahlzeit nicht schmeckte, irgendwo in der Nähe des Bettes stehen lassen. Jetzt erinnerte sie sich wieder, wie die Kätzchen alle miteinander darüber hergefallen waren.

Sie nagten sogar an den Kekspackungen, die sich auf Olgas Nachttisch stapelten.

Wahrscheinlich hatte sie das Essen mit Paul und Doreen bloß deswegen in solch trostloser Erinnerung, weil sie so krank gewesen war. Sie hatte es nur mit Mühe in das griechische Restaurant geschafft und dort zu ihrem Jammer, obwohl Paul eingeladen hatte, fast nichts zu sich genommen; es ging einfach nicht. Die beiden waren immer weiter vor ihren feuchten Ausbrüchen, ihrem wasserfallartigen Schnupfen und schleimigen Husten, ans äußerste Tischende zurückgewichen. Sie hatte kaum geredet und noch weniger zuhören können, der grässlichen Kopfschmerzen wegen, denen auch das Aspirin nicht beikommen konnte, eigentlich war sie vollauf damit beschäftigt, keuchend nach Luft zu ringen, sich Taschentücher unter die Nase zu pressen und im Winkel der Eckbank, gegen die Rückenlehne gedrückt, aufrecht zu halten. Eine kurze, unschöne Begegnung. Paul hatte sie bald nach Hause gebracht, sie mehr tot als lebendig die Treppen hinaufbugsiert, er war spürbar erleichtert, als sie ihn in der Tür abwimmelte. Geh schon, geh, deine Liebste wartet! Doreen war auf der Straße vor dem Haus stehengeblieben. Olga ließ sich ins Bett fallen, wie sie war, halbtot von der Erkältung, die andere Hälfte tot vor Angst, dass Gerbsals die beiden ansprechen könnten.

Sie würde sich bemühen müssen, Doreen zu mögen, um Pauls willen, so wie es ihr auch gelungen war, Gesine zu akzeptieren, um Lars' willen. Gesine hatte sie und Lars nie wirklich auseinanderbringen können.

Natürlich musste sie die Katzen so schnell wie möglich füttern, aber womit? Emilia schien die meiste Zeit außer Haus, und auch Samantha konnte über die Dächer fort und sich anderweitig Nahrung beschaffen. Doch die Kleinen waren noch nicht so weit, sie würden ohne Futter verhungern.

Paul hatte inzwischen schon mehrmals auf den Anrufbeantworter gesprochen: Geh doch dran, Mama, wenn du nicht gerade schläfst, wir wüssten gern, ob du dich jetzt besser fühlst? Das nächste Mal musste sie das Telefon abnehmen, egal wie, damit er nicht auf die Idee käme, noch einmal hier vorbeizuschauen. Doch dann wieder schien ihr die Gefahr nicht allzu groß, da sie ja schon bald wieder zurück nach Australien fliegen wollten oder mussten. Vielleicht waren sie inzwischen ohnehin längst fort. Alles egal. Aus und vorbei. So oder so.

Sehr wohl hatte sie registriert, dass Doreen sich vor ihr ekelte. Sehr wohl. Sie war zwar krank, aber weder blind noch auf den Kopf gefallen. Doreen hatte sich von Anfang an so platziert, dass zwischen ihnen beiden der weitestmögliche Abstand lag und das vordergründig mit Olgas Erkältung begründet. Would be very nasty to catch that cold, Paul, just now, Paul, you know why.

Never mind, Mama, sagte Paul mit leuchtenden Augen. Wieso musste er jetzt auch mit ihr Englisch sprechen? Wir wollten dich nämlich heute in unser großes Geheimnis einweihen, Mama. Du sollst wissen, dass wir schwanger sind! Etwas so Wichtiges mochten wir dir nicht en passant auf der Beerdigung mitteilen. Und das wollten wir eigentlich heute mit dir feiern, und nun bist du krank und willst keinen Sekt trinken. Aber doch nicht zu krank, um dich mit uns zu freuen? Komm schon, Mama, ein winziges symbolisches Schlückchen, just a tiny little sip when even pregnant Doreen dares that much. I'll volunteer for the rest. Das Baby, ein Junge, würde im Dezember kommen.

Sie hatte doch hoffentlich laut: Oh, wie schön!, gerufen, wie wunderbar, meine Lieben! Ich wünsche euch alles Glück der Welt! Sie konnte sich aber durchaus an keine solche Äußerung, eigentlich an überhaupt keine Reaktion ihrerseits mehr erinnern. Also deswegen die große Eile beim Heiraten. »Wir sind schwanger.« Was für eine alberne Formulierung. Ein Enkelkind, das sie nie zu Gesicht bekommen würde, weil es auf der anderen Hälfte der Erdhalbkugel aufwachsen würde.

Arme Olga, dachte Olga, wenn sie zwischendurch einen klaren Gedanken fassen konnte. Dass nun ihr größter Wunsch auf diese hoffnungslose Art in Erfüllung ging.

Baby Valentin kam ihr in den Sinn, Lars' Sohn, für kurze Zeit der Star der Familie, wie er zwischen Mutters und Großmutters Schoß hin- und herwanderte, ihr Augapfel. Inzwischen müsste er das Abitur gemacht haben, ein erwachsener junger Mann, nur einige Jahre jünger als Viola und Paul. Vier oder fünf war er gewesen, als sie ihn zuletzt sah, bevor der Kontakt zu Gesine ganz abbrach. Nachdem die sich mit einem anderen Mann zusammengetan hatte, war ihre Schwägerin in atemberaubendem Tempo wieder zu einer fremden Frau geworden.

War wirklich Donnerstag? Heute Morgen hatte sie sich jedenfalls beim besten Willen nicht aus dem Bett quälen können. Sie hatte ihre Zeitungs-Runde verschlafen und sich erst vorhin, in einem hellen Augenblick, telefonisch beim Oberverteiler entschuldigt. Gott sei gedankt für das funktionierende Telefon, sie hätte es in diesem Zustand nicht in die Kleider, geschweige denn hinunter auf die Straße und bis zur Telefonzelle geschafft. Er hatte doch ihrer Stimme anhören müssen, wie krank sie war. Trotzdem reagierte er denkbar unfreundlich: So geht das nicht, Frau Assmann! Die dritte Krankmeldung innerhalb von drei Wochen. Was zu viel ist, ist zu viel. Zwei Tage Magen-Darm-Grippe! Eine Beerdigung! Und jetzt eine Erkältung, verspätet entschuldigt. Sie wissen, dass Zuverlässigkeit bei uns Bedingung Nummer eins ist.

Eine Beerdigung ist doch keine Krankheit, unterließ sie zu erwidern, weil sie eingeschüchtert war und viel zu schwach. Auch dass sie die Monate davor doch immer, immer pünktlich und zuverlässig gewesen war, bei Wind und Wetter, wollte sie sagen, brachte es aber nicht heraus. Er wünschte ihr nicht mal gute Besserung, sie stotterte Entschuldigungen und schwankte zurück ins Bett, bibbernd, obwohl sie einen alten Fleecepulli über dem Nachthemd trug, zu unsicher auf den Beinen, um sich Tee zu kochen. Wie gut, dass sie sich an den Kartonstapeln rechts und links entlangtasten konnte, dass die ihr dabei halfen, die Balance zu halten. Scheiße!, rief sie, als sie, mit dem einen nackten Fuß einen Katzenhaufen knapp vermeidend, mit dem anderen in Katzenpisse tappte. Dabei sollte man doch bei Erkältungen viel trinken. Sie schaffte es nicht mal mehr bis zum Wasserhahn im Badezimmer.

Die kleinen Katzen waren noch nicht stubenrein, und Samantha hatte aufgehört, ihre Ausscheidungen aufzulecken, wie sie es in den ersten Tagen getan hatte. Vermutlich musste man jetzt ein Katzenklo besorgen und Katzenstreu und ihnen beibringen, wie es ging, indem man sie immer wieder auf das Katzenklo setzte. Vielleicht würde auch Samantha den Unterricht übernehmen, wenn ein Katzenklo da wäre. Da es aber keins gab, konnte man den Kätzchen im Prinzip keinen Vorwurf machen, dass sie die auf dem Boden herumliegenden Klamotten als solches ansahen und überall hinpinkelten und -schissen. Olga schlief wieder ein.

Paul hatte beim Griechen erzählt, sie wären gestern zum Abendessen bei Viola und Flöckchen gewesen, er und Doreen. Die ganze Familie eingeladen, nur du hast gefehlt. Vermutlich war also auch Gerda dabei gewesen. Das schmerzte. Was hast du bloß angestellt, dass Viola so nachhaltig gekränkt ist?, fragte Paul. Das möchte ich auch mal wissen, rief Olga heftig, ich weiß es ums Verrecken nicht! Sie redet ja nicht mit mir! Es kann doch nicht immer noch diese eine dumme Bemerkung von damals gewesen sein, so eine winzige beiläufige Bemerkung! Als Uwe noch lebte, Paul noch nicht in Australien war und Viola noch Kontakt mit ihr hatte, hatten die beiden nicht immerfort mit Gerda zusammengesteckt. Violet erwartet, dass du dich bei ihr und vor allem bei Flöckchen in aller Form entschuldigst, sagte Paul. Natürlich hatte er »Viola« gesagt, aber es würde sie nicht wundern, wenn er seine Schwester bald, wie Doreen, nur noch Violet nennen würde. »Pohl« and Violet. Violet and »Pohl«. Nicht mehr ihre Kinder. Dazu Doreen und ein Australian baby. Never mind. Tatsache ist, dass Viola mir alles übel genommen hat, rief sie, von Anfang an, seit der Trennung von Papa, und die besonders.

Sie wachte schreiend auf, weil Vater, an der Leiter baumelnd, die Arme nach ihr ausstreckte, komm in meine Arme, Prinzessin, mit ausgestülpter Zunge und hervorquellenden Augen. Nein, diese Fratze war nicht ihr Papa! Warum sah sie ihn jetzt immer wieder so, wo sie doch zuvor Jahre und Jahrzehnte nicht an dieses Bild hatte denken müssen?

Es klingelte an der Tür. Das musste der Postbote sein, dem sie nie öffnete. Der wusste doch, dass sie nie öffnete, warum also schellte er wieder und wieder? Wahrscheinlich träumte sie das nur.

Aufmachen!, rief jemand. Mehrere Stimmen vor der Wohnungstür, unterschiedlich laut. Da forderte wirklich einer: Machen Sie auf!

Frau Gerbsal rief schrill: Die ist da. Die ist immer da. Sie stellt sich nur taub.

Rütteln an der Tür. Bestimmt bildete sie sich das nur ein, denn ihr Bett war doch weit weg vom Eingang, in der Höhle des Schlafzimmers, durch den langen Flur getrennt, in dem all die angehäuften Sachen einen mächtigen Schutzwall bildeten.

Hallo, Frau Assmann, bitte öffnen Sie! Hier sind Dr. Greiff, Amtsarzt, und Lydia Schwarz vom Gesundheitsamt.

Exkremente!, schrie Frau Gerbsal hysterisch. Riechen Sie diesen gemeinen Gestank?

Wir würden gern ein paar Worte mit Ihnen reden. Nur auf ein paar Minuten, warb eine schmeichelnde Männerstimme.

Noch so ein Albtraum. Polizeiliche Vorführung, glaubte Olga herauszuhören, sie fieberte und träumte schlecht. Sie tauchte mit dem Kopf unter das Plumeau und zog beide Kissen noch darüber. Gegen Hildes Tiraden und die anderen Stimmen in ihrem Kopf half das nur bedingt, doch es dämpfte das Donnern gegen die Tür und den bösen Lärm im Treppenhaus.

Dafür rüttelte jetzt die Mutter an der Toilettentür: Komm sofort raus, Olga! Du sitzt schon eine halbe Stunde auf dem Örtchen! Was treibst du da, möchte ich wissen? Du weißt, dass du dich nicht einschließen sollst. Öffne sofort! Oder wir müssen die Tür polizeilich öffnen lassen.

21. IN DER BETTRITZE

Mach sofort die Tür auf! Was tust du da, möchte ich wissen?

Was tut man schon auf dem Klo? Olga begreift nicht, warum sie sich in der Toilette nicht einschließen darf, während doch alle anderen es tun! Sie ist längst aus dem Alter heraus, in dem Gefahr besteht, dass sie mit dem Schlüssel nicht zurechtkommt und vielleicht nicht wieder herausfindet.

Manchmal hat sie den Deckel heruntergeklappt und liest, der einzige Platz im Haus, wo man in Ruhe bei sich sein kann. Draußen im Garten, bei trockenem Wetter, gab es lange den Steinkreis, ihren geheimen heiligen Ort, doch irgendwann ist sie dem entwachsen. Bis zu Vaters schrecklichem Abgang war das Gartenhaus ihre Zuflucht. Doch jetzt bleibt ihr nur noch das Klo. Meist plant sie gar keinen längeren Aufenthalt, es ergibt sich einfach so, dass sie stundenlang auf der Kloschüssel sitzt und träumt, den Kopf gegen den kühlenden Rand des Waschbeckens gelehnt, bis sich ein großer roter Fleck auf der Stirn bildet und der Sitzring rund um die Pobacken einen schmerzenden Striemen abzeichnet. Dann findet sie irgendwann zurück in die Wirklichkeit.

Mach auf! Fäuste donnern gegen die Tür. Komm augenblicklich raus!

Immer am Rand, immer auf der Flucht, auf der Suche nach sicheren Verstecken. Dabei hat es doch auch mal eine Zeit gegeben, ganz früher, wo sie gern mittendrin war. Sie erinnert sich nur noch dunkel. Als sie noch Mutters Häschen war. Du hast lange zwischen den Eltern in der Bettritze geschlafen, erzählt Lars. Sie staunt. Versucht sich zu erinnern. Jahrelang, sagt Lars, bestimmt bis du zwei oder drei warst. Erst dann haben sie dich zu mir ins Kinderzimmer gesteckt. Vage rührt sich etwas in ihr, eher ein Gefühl als Erinnerungsbilder. Häschen in der Grube. So was wie Bedrückung. Enge. Angst zu ersticken? Vor allem ein schreckliches Frieren. Haben die Großen ihr vielleicht aus Versehen im Schlaf die Decke weggezogen? Dann steigt aus dem Frösteln doch ein Bild auf, blass und verschwommen: ein winziges bibberndes Bündel in der Mitte des riesigen Ehebetts, sie selbst, Olga, ganz allein, während die Eltern an den jeweils äußersten Rand ihrer Betten gerutscht sind, die abweisenden Rücken gegeneinandergekehrt. Soll sie jetzt zu Mama oder zu Papa kriechen, inmitten der teuflisch schwarzen, unendlich langen Nacht, da sie so friert? Sie wimmert leise vor sich hin, weil sie sich nicht entscheiden kann.

Doch das muss Einbildung sein, an so was könnte sie sich doch in Wirklichkeit kaum erinnern, wenn sie damals noch so klein gewesen ist. In der zugigen Mitte ganz allein. Eher lachhaft, diese Vorstellung: Sie, die dicke Olga, kleinwinzig in der Ritze! Vielleicht musste sie so dick werden, um nicht zwischen den beiden Bettrahmen hindurchzurutschen und ganz verlorenzugehen, flutsch und weg, einfach so. Als sie später einmal die Mutter darauf ansprach, in der Zeit, als sie sie pflegte, wischte Hilde diese Bilder beiseite. Dummes Zeug! Lars' überschießende Phantasie. Höchstens ein paar Monate als Baby. In den ersten zwei Jahren hast du in einem Körbchen am Fußende unseres Bettes geschlafen.

Lars verrät ihr noch eine andere Geschichte, die Mutter auf Nachfrage widerwillig bestätigt, doch ebenfalls gleich herunterspielt.

Du warst das Versöhnungskind, behauptet Lars. Eigentlich sollte nach mir Schluss sein; Mutter wollte keine Kinder mehr. Doch dann hatte Vater eine andere Frau und war drauf und dran, uns zu verlassen. Eigentlich kein Wunder, da Mutter und Großmama ihm das Leben so schwer machten. Er ist nur deinetwegen geblieben. Weil du geboren wurdest. Das habe er exklusiv von Großmama, sagt Lars, die es Vater im Übrigen nie verziehen habe.

Was nie verziehen? Das Verhältnis mit der anderen? Oder die Tatsache, dass er Olga gezeugt hatte und dann doch geblieben war?

Mutter Hilde, alt, krank und pflegebedürftig darauf angesprochen, leugnete erst ganz und dann schwach: Was für ein blühender Unsinn! Der wäre doch nie von uns weggegangen, wo er so bequem mit durchgefüttert wurde.

Und die andere Frau?

Alles nur heiße Luft. Der war doch schon viel zu zerstört vom Alkohol, der konnte doch gar nicht mehr richtig!

Immerhin hatte er aber noch sie, Olga, gezeugt?

Zufall. Ich mochte damals längst nicht mehr mit ihm schlafen.

Olga begriff, dass es keinen Sinn hatte, weiterzubohren.

Also war sie das Versöhnungskind gewesen, das Neuanfangskind. Lass es uns nochmal miteinander versuchen!, hatten sie einander bedeutet. Vielleicht war damals noch ein winziger Rest Liebe zwischen ihnen. Immerhin liebte der Vater sie, Olga, so sehr, dass er bei ihnen geblieben war. Sie hatte in der Ritze gelegen, ihre Aufgabe wäre es gewesen, eine neue

Verbindung zwischen den Eltern herzustellen. Doch sie hatte versagt. Es war ihr nicht gelungen.

Waren schon damals Zank und hässliche Worte über sie hinweg- und durch sie hindurchgegangen? Für den Vater war sie ein Trost gewesen. Doch was war mit der Mutter? Hatte sich das Kind in der Bettritze von einem Bindeglied in einen Prellbock, eine Barriere verwandelt? Grauer Sumpf, erinnerungslos. Doch manchmal bildete Olga sich jetzt ein, die Härte der Bettritze zu fühlen und einen kühlen Luftzug von unten, da, wo die Betten aneinanderstießen. Und hatte nicht ein zugiges Gefühl von rechts und von links, von unten und von oben, sie ihr ganzes Leben begleitet? Dieses Frieren an allen Seiten, das nur während der wenigen guten Jahre verschwand, als sie Lars links und Uwe rechts ganz dicht neben sich spürte und ihre Kinder fest an sich drückte.

Es gab nur wenige Dinge, an die sie sich noch genau erinnern konnte: zum Beispiel, wie oft die Eltern nachts gestritten haben. Dann ist sie zu Lars ins Bett gekrochen. Das ist warm und tröstlich, auch wenn er meist schläft und von dem Geschrei nebenan anders als sie nur wenig mitbekommt. Als sie fünf oder vier ist, zieht Vater aus dem ehelichen Schlafzimmer aus, um bis zu seinem Tod in dem Kämmerchen zwischen Küche und Kellerabgang zu schlafen. So ist wenigstens nachts Ruhe.

Sie erinnert sich auch noch deutlich, wie oft die Mutter leidend war. Wenn Vater und Mutter einander anschreien, fasst sich die Mutter nach kurzer Zeit unweigerlich ans Herz und zieht sich in ihr Schlafzimmer zurück. Der Vater knallt die Tür und ist für Stunden, manchmal für Tage verschwunden. Großmama, deren steinerner Miene man anmerkt, welche Anstrengung es sie kostet, sich nicht einzumischen, reagiert sich hinter der geschlossenen Küchentür ab. In solchen Augenblicken legt sich eine große bleierne Stille über das Haus. Lars scheint nie da zu sein. Olga hält es nicht mehr aus und schleicht verstört auf Zehenspitzen ins Schlafzimmer, leise, leise, die Tür darf nicht knarren. Im Halbdunkeln liegt eine fremde, abwesende Mutter wie tot.

Anfangs zieht sich Olga immer wieder ganz fest rechts und links an den Zöpfen, um sich zu erinnern, dass sie ganz still sein muss. Dass sie die Mutter nicht stören darf. Schließlich flüstert sie doch: Mama, ich habe im Garten ein goldenes Sonnenblümchen für dich gepflückt!

Keine Antwort. Die Mutter liegt mit dem Gesicht zur Wand.

Olga lässt sich neben dem Bett nieder, sie hat Buntstifte und Papier mitgebracht und malt eine Weile, lautlos am Boden hockend, um nicht weggeschickt zu werden. Man kann aber nicht gut sehen, was man malt, wenn die Fensterläden geschlossen sind.

Guck mal, Mama, ich hab ein Bild für dich gemacht! Die Mutter rührt sich nicht. Olga beginnt zu summen, um die wachsende Angst zu übertönen. Migräne muss eine Art Hölle sein. Die Mutter ist in der Hölle. Da soll sie nicht bleiben. Man muss sie zurückholen. Olga zupft an ihrer Bettdecke, erst zaghaft, dann immer nachdrücklicher.

Bitte, Mama! Sag was. Nur einmal gucken!

Endlich eine Reaktion. Die Mutter seufzt, schirmt die Augen mit der Hand ab und stöhnt: Lass mich allein! Spiel mit Lars!

Der ist beim Sport.

Geh, um Gottes willen! Nervensäge! Hilf Großmama in der Küche. Geh zu deinem Vater!

Der ist weg.

Plötzlich brüllt die Mutter: Raus! Sie fährt im Bett hoch, ihr Gesicht ist verzerrt, eine fremde Fratze, sie presst beide Handflächen an die Schläfen und schreit: Bist du immer noch da? Nimmt mir denn keiner diesen Quälgeist ab? Die Ringelblümchen, die Olga sorgfältig neben Mutters Kopfkissen gebettet hatte, liegen zerquetscht, verstreut, vernichtet am Boden, als Olga weinend fortläuft. Migräne, das ist die Hölle. Die Hölle, das ist Migräne. Später weiß sie Bescheid und bringt der Mutter keine Blumen mehr, wenn sie diese Anfälle hat.

Später ist sie es, die sich zurückzieht und Verstecke sucht. Und, sonderbar genug, auf einmal ist es die Mutter, die sie nicht in Ruhe lassen will. Selbst auf dem Klo nicht.

22. IM SCHRANK

Sie sind Frau Olga Assmann?

Ihr erster Impuls war es gewesen, durch das Wohnzimmer auf den Balkon zu fliehen; sie gab sich keine Rechenschaft darüber, warum gerade dahin, sah aber ganz deutlich vor sich, wie sie am äußersten Rand des Balkons auf die Kartons und von dort auf das Regal kletterte, das weit über die Brüstung aufragte – hier würden sie nicht wagen, Hand an sie zu legen.

Verraten Sie mir Ihr Geburtsdatum?

Doch ihre Flucht endete vor der Wohnzimmertür, die sich nur noch eine Handbreit öffnen ließ. Vermutlich war auf der anderen Seite einer der Bücher- oder Zeitschriftenstapel umgekippt und versperrte den Zugang. Vielleicht hatte es in den letzten Tagen, von ihr unbemerkt, ein kleineres Erdbeben gegeben. Oder es war das Werk der herumtobenden Katzen, die im Wohnzimmer ihr Hauptquartier hatten und lebhaft durch den Türspalt ein- und ausgingen. Selbst Olga registrierte inzwischen einen unschönen Geruch, der ihr von dort entgegenschlug. Sie konnte sich nicht erinnern, wann sie zuletzt in diesem Raum gewesen war.

Und Ihre Adresse, Frau Assmann?

Was sollte die blöde Frage, er musste ja wohl wissen, wo, in welcher Straße, bei welcher Hausnummer er sich mit Gewalt Eintritt verschafft hatte. Als sie vorhin die polternden Schläge gegen die Etagentür gehört hatte, war ihr sofort klar, was die

Stunde geschlagen hatte. Jetzt hockte sie zusammengesunken auf dem Bettrand und vermied es, den großen Mann anzuschauen, der über ihr lauerte; heimlich huschten ihre Augen im gesenkten Gesicht wie kleine Tiere über den Fußboden hin und her, auf der Suche nach einer Fluchtmöglichkeit. Doch da war keine mehr.

Können Sie mir sagen, was wir heute für ein Datum haben?

Sie wusste es nicht. Der Wochenrhythmus war ihr abhandengekommen, weil sie schon längere Zeit, keine Ahnung mehr, seit wie vielen Tagen, ihre Wohnung nicht verlassen hatte. Sie hielt sich fast nur noch im Schlafzimmer auf, wenn sie sich nicht gerade durch den schmalen Hohlweg in die Küche schleppte, um nach Essbarem zu suchen oder auf die nur noch schwer zugängliche Toilette im Bad, und dann wieder zurück aufs Bett.

Ihre Wege wurden immer kürzer und alle endeten nach kürzester Zeit im Bett, dem einzigen Ort, wo sie sich wirklich sicher fühlte. Sie kochte sich nichts mehr außer Spaghetti und Reis und löffelte dazu die Inhalte diverser Konservendosen, ohne sich die Mühe zu machen, sie aufzuwärmen. Die meiste Zeit ernährte sie sich von Schokolade und Gebäck, die sie vor ihrem endgültigen Rückzug in gewaltigen Mengen gebunkert hatte. Doch bald würden sämtliche Vorräte aufgezehrt sein und dann würde sie wohl oder übel die Wohnung zum Einkaufen verlassen müssen.

Es war ihr sehr peinlich, dass sie Wochentag und Datum nicht parat hatte.

Als sie kamen, hatte sie neben beziehungsweise hinter dem Bett keinen Platz mehr gefunden, wo sie sich verstecken konnte, doch die Tür des alten Mahagonischranks klaffte einladend, also riss sie hastig diverse Kledagen heraus und quetschte sich unter größten Mühen hinein. Anschließend versuchte sie vergeblich, die Türe hinter sich zu schließen oder sie zumindest einigermaßen dicht von innen zuzuhalten. Die sollten denken, sie sei nicht zu Hause, wenn sie ihre Wohnung durchsuchten.

Für all das blieb ihr nur deswegen genügend Zeit, weil die da draußen ihre Wohnungstür nicht ohne weiteres aufbekamen. Es war ein geheimer Triumph für Olga, dass Frau Gerbsals Zweitschlüssel schon lange nicht mehr passte. Sie hatte vorausschauend das Schloss im letzten Jahr auswechseln lassen, als die Vermieter verreist waren.

Hallo! Hallo, Frau Assmann? Hier ist Dr. Greiff, der Amtsarzt.

Polizei! Bitte öffnen Sie!, verkündete eine andere Männerstimme im Treppenhaus, und Olga war zusammengezuckt und kopflos durch die Wohnung geflattert, auf der panischen Suche nach einem Versteck.

Wir stehen hier mit dem Schlüsseldienst, Frau Assmann. Es wäre einfacher, wenn Sie uns aufmachten.

Gar nicht so leicht, bei ihr einzudringen, und es wäre auch für Olga, selbst wenn sie gewollt hätte, nicht ohne weiteres möglich gewesen, ihnen zu öffnen, weil inzwischen sogar die Eingangstür von innen verstellt war. Sie war nicht mehr ausgegangen, seit sie ihren Job als Unterverteilerin verloren hatte. Der Oberverteiler hatte ihr telefonisch gekündigt, wegen mangelnder Zuverlässigkeit. Die noch ausstehenden 102,50 Euro Lohn könne sie sich bei ihm abholen. Sie hatte es bisher noch nicht getan, weil sie sich so schämte.

Können Sie mir denn sagen, wer bei uns im Augenblick an der Regierung ist?

Musste sie solche demütigenden Fragen wirklich beantworten?

Mit der Arbeitsagentur war auch alles schiefgelaufen. Angefangen bei der Tatsache, dass auf einmal nicht mehr Herr Windholm mit der gepiercten Augenbraue für sie zuständig war, an den sie sich im Laufe der letzten zwei Jahre gewöhnt hatte, den sie immerhin von Angesicht zu Angesicht kannte, sondern eine metallene Frauenstimme, zu der sie sich keine Person vorstellen konnte. Die Stimme hatte sich auf dem Anrufbeantworter als Iris Schwertfeger (oder Schwerkehrer oder Schwerfeder) ausgegeben und darauf hingewiesen, dass Olgas Antrag auf Verlängerung von ALG II nicht pünktlich eingegangen sei. Sie haben sich Ihrer Mitwirkungspflicht entzogen, indem Sie zu zwei vereinbarten Terminen nicht erschienen sind, sagte die metallene Frau Schwerfeder, deswegen müssen wir Ihnen die Leistungen um zehn Prozent kürzen. Wenn der Antrag nicht unmittelbar eingeht, bekommen Sie demnächst gar nichts mehr. Ich weise darauf hin, dass dann gleichzeitig mit den monatlichen Zahlungen an Sie auch die Überweisung von Miete und Heizkosten an Ihre Vermieter eingestellt wird. Drohend: Ich fordere Sie hiermit dringend auf, sich bei uns zu melden, auch und gerade, wenn Sie inzwischen von sich aus einen Arbeitsplatz gefunden haben.

Wer denn ihr Hausarzt sei?, wollte der Amtsarzt wissen. Und ob sie Kinder habe. Oder andere Angehörige? Er stand dicht vor ihr, zwei dunkelblaue, sorgfältig gebügelte Hosenbeine, ein großer Mann, nicht viel älter als sie, doch im Bewusstsein seiner Autorität; er stand fast über ihr, und Olga brach der Schweiß aus, weil sie sich physisch bedrängt fühlte. Allerdings war nur wenig Platz zum Stehen vor dem Bett. Sie hatte ihren Hausarzt, der eigentlich der ihrer Mutter gewesen war, seit gut drei Jahren nicht mehr aufgesucht. Warum sollte sie sich auch immerfort anhören, dass sie viel zu dick sei, wo sie es doch selber wusste. Die Frau, die Lydia Schwarz hieß, verharrte in der Schlafzimmertür und starrte hinter dem Rücken des Amtsarztes zu ihr herüber. Alle Wege blockiert. Auch konnte man nicht wissen, ob nicht doch noch irgendwo hinter den beiden, vielleicht im Treppenhaus, Männer mit weißen Kitteln und einer Trage lauerten, auf der sie einen mit Riemen festschnallten. Olga murmelte den Namen des Hausarztes, während sie fieberhaft darüber nachdachte, was sie von ihren Kindern preisgeben sollte; vermutlich war es besser, bei der Wahrheit zu bleiben, da sich Familienstandsfakten leicht nachprüfen ließen.

Sie leben zurzeit vom Arbeitslosengeld II? Sie nickte.

Sie war doch einfach nur krank gewesen. Und so von den kleinen und großen Katastrophen absorbiert, die ihr Leben jüngst erschüttert hatten, dass sie es einfach nicht geschafft hatte, die Termine bei der Arbeitsagentur einzuhalten. Verstand das denn niemand? Sie hatte auf ein erneutes Zeichen von Herrn Windholm gewartet. Auf dieses hin hätte sie den schon längst fertig ausgefüllten Antrag gleich vorbeigebracht. Dass der anscheinend gar nicht mehr für sie zuständig war, hatte sie gleich wieder für Tage in ihrer Entschlusskraft gelähmt.

Natürlich hatte sie gehofft, sie hätte sich die Stimmen vor der Tür neulich nur eingebildet, im Fieberwahn, immerhin war sie ein paar Tage sehr krank gewesen, oder vielleicht waren es auch bloß Stimmen aus dem Fernseher, irgendein Fernsehkrimi, sie ließ den Kasten neuerdings meist Tag und Nacht laufen. Es hätte durchaus so sein können. Sie hatte es glauben wollen und inständig gehofft. Aber eine Unruhe tief innen sagte ihr, dass die Dinge schlecht stünden. Merkst du nicht, wie alles wackelt, alles schwankt, flüsterte die Unruhe, eine schiefe Ebene, merkst du nicht, dass du ins Rutschen geraten bist und rutschst und rutschst. Alles um sie herum geriet außer Kontrolle, während sie abrutschend vergeblich mit den Armen im Nichts fuchtelte, nach Halt suchend, während es radikal mit ihr bergab ging, immer noch schneller und noch tiefer in einen unvorstellbaren Abgrund.

Olga saß schon eine halbe Ewigkeit zusammengekrümmt im Schrank, in dem es erstickend nach Schweiß und Mottenkugeln, nach Moder, altem Käse und der Bitterkeit vergangener Zeiten roch, während sie hörte, wie die Wohnungstür knirschend aufgeschoben wurde. Sie hörte Frau Gerbsal kreischen: Ich ahnte es! Größere Gegenstände schabten dumpf über den Boden und fielen polternd um. Dann hörte sie eine große beängstigende Stille. Natürlich: Der Fernsehapparat war verstummt, sie hatte gleich zu Beginn der Invasion im Vorbeilaufen den Stecker herausgerissen. Sie versuchte, die Schranktür, die sie von innen mit der einen Hand umklammert hielt, noch dichter an sich heranzuziehen, obwohl sie kaum Luft bekam. Im Kleiderschrank war es stickig und beklemmend eng wie in einem Sarg, der wäre vielleicht noch bequemer gewesen, weil man da lang ausgestreckt lag, während sie sich hier in Hockstellung zusammenballen musste.

Hab ich es Ihnen nicht gesagt!, gellte Frau Gerbsals Stimme im Treppenhaus.

Bitte zurückbleiben, kommandierte eine befehlsgewohnte Männerstimme.

Sie konnte fühlen, wie Menschen sich in ihren Flur schoben. Die Katzen miauten schrill. Dinge fielen durcheinander.

Weiter entfernt schluchzte Frau Gerbsal auf. Man hörte Herrn Gerbsal gedämpft ihren Blutdruck erwähnen, auf den sie sich jetzt besinnen müsse. Vielleicht standen inzwischen auch die anderen Nachbarn, Müller-Markwarts und Fingerlings, da draußen im Treppenhaus und glotzten, gespannt auf das, was sie zu sehen bekämen.

Frau Assmann, sind Sie da?

Jemand war in ihrem Schlafzimmer, stand beim Bett. Jetzt musste sie das Atmen einstellen. Jemand trat dichter an den Schrank. Sie fühlte, wie sie die Kontrolle über ihre Blase verlor und unter sich ließ, ein warmes, fast tröstliches Gefühl, während die Raubtierschritte innehielten. Eine schreckliche Stille. Dann tippte jemand leicht mit behandschuhter Hand gegen ihre Finger, die die Schranktür umklammert hielten. Sie wurde beinahe ohnmächtig vor Angst und Scham, während sie losließ.

Sind Sie da, Frau Assmann?

Die Schranktür sprang auf und Olga rollte dem fremden Mann vor die Füße. Unter dem Berg von Klamotten knirschte etwas und brach wie Porzellan entzwei. Sie hielt die Augen krampfhaft geschlossen.

Sie sind Frau Olga Assmann? Ich bin Dr. Greiff, der Amtsarzt.

Sie blieb für einen Augenblick am Boden liegen, auf den Kleiderhaufen gebettet, und wäre am liebsten für immer so liegengeblieben.

Du meine Güte, sagte eine Frauenstimme von der Schlafzimmertüre her. Und nochmal fassungslos: Du liebe Güte! Olga wusste, dass nicht sie, Olga, gemeint war, sondern ihr Schlafzimmer.

Sie blinzelte von unten an dem breitbeinig stehenden Amtsarzt hoch und entschloss sich dann doch zum Aufstehen. Sie brauchte eine ganze Weile, bis sie sich auf die Seite gewälzt und am Bettrand hochgestemmt hatte. Bleiben Sie am besten gleich da sitzen, meinte er aufmunternd, so ist es doch am bequemsten. Mit einer vagen Armbewegung deutete er halbherzig eine Geste der Unterstützung an, vermied es aber, sie zu berühren. Als sie sich endlich außer Atem auf den Bettrand gehievt hatte, erkundigte er sich mit gleichmütiger, scheinbar freundlicher Stimme nach ihrem Geburtsdatum, nach Wochentag und Jahreszahl, als sei sie schwachsinnig. Schließlich wollte er wissen, wer ihre nächsten Angehörigen seien. Olga schwieg.

Im Treppenhaus hörte sie Frau Gerbsal lamentieren: Als die hier einzog, war da nur eine Katze!

Fühlen Sie sich ganz gesund?, fragte Dr. Greiff. Oder geht es Ihnen nicht gut?

Ein uniformierter Polizist steckte vom Flur aus den Kopf um die Ecke: Die Vermieter sagen, es gibt einen Sohn und eine Tochter, zu denen kein Kontakt besteht. Die Vermieter sagen, die Frau besaß bei ihrem Einzug nur eine Katze. Olga war dem Polizisten dankbar, dass er eine solide Barriere zwischen ihr und Gerbsals bildete.

Ist in der letzten Zeit in Ihrem Leben etwas Besonderes geschehen?, wollte Dr. Greiff wissen.

Schweigen. Olga vermied es, ihn anzublicken. Es bereitete ihr eine gewisse Genugtuung, dass er, offenbar ohne es zu merken, mit einem seiner glänzend geputzten Schuhe in der Katzenscheiße stand.

Könnte dies die Telefonnummer Ihrer Tochter sein?, fragte die Frau an der Tür und wedelte mit dem Zettel, der in der

Küche über Olgas Telefon hing, obwohl sie die Nummer auswendig wusste und sie schon seit vielen Monaten nicht mehr gewählt hatte.

Ruckartig richtete sie sich auf der Bettkante auf, um zu protestieren. Was fällt Ihnen ein! Lassen Sie meine Tochter aus dem Spiel!, rief sie oder wollte sie rufen, doch plötzlich wurde ihr schwarz vor Augen, sie sackte mit dem Oberkörper nach hinten auf das Bett und verlor den Anschluss an das Gespräch.

23. DAS GUTACHTEN

Als sie wieder zu sich kam, lag sie vollständig auf dem Bett, also musste wohl jemand zwischendurch ihre Beine nach oben befördert haben. Anstelle von Dr. Greiff stand die Frau, die Lydia Schwarz hieß, obwohl sie blond war, grellblond, giftig blond, neben ihr, um sie zu bewachen. Es ist nicht wirklich, dachte Olga, nur wieder so ein schrecklicher Albtraum. Sie blinzelte kurz und presste sogleich wieder die Augenlider zusammen.

In einiger Entfernung, wahrscheinlich in der Küche, hörte sie Dr. Greiff vor sich hinmurmeln. Bestellung einer Betreuerin, sagte er. Es klang, als ob er telefoniere. Er sagte: Massiv verwahrlost bis vermüllt. Olga brauchte eine Weile, bis sie begriff, dass von ihr beziehungsweise ihrer Wohnung die Rede war. Ein schreckliches Grauen überkam sie. Sie wünschte sich in den entlegensten Winkel der Welt. Doch da war keiner mehr.

Die Wohnung in einem fast nicht mehr bewohnbaren Zustand. Sämtliche Räume flächendeckend mit Papieren, Kleidern, leeren Flaschen, Unrat bedeckt. Der Müll lagert bis zu eineinhalb Metern Höhe. Dazwischen sind nur schmale Pfade begehbar. Im Bad ist die Wanne über den Rand mit Gerümpel gefüllt. Zum Wohnzimmer ist kein Zugang mehr möglich. Die Stimme war ein leiser, gleichmäßiger Singsang.

Lydia Schwarz schien bemerkt zu haben, dass Olga wieder bei Bewusstsein war, und begann sogleich, Konversation zu machen. Der Doktor hat für morgen einen Müllcontainer bestellt, verkündete sie munter, und ich komme dann, um Sie ein bisschen beim Aufräumen zu unterstützen. Möglicherweise wollte sie mit ihrem Gerede nur die Stimme des Amtsarztes übertönen, der in der Küche telefonierte. Doch Olga verfügte über ausgezeichnete Ohren.

Die Küche nur noch ansatzweise benutzbar. Verdorbene und stinkende Lebensmittelreste in Küche, Flur, Schlafzimmer. Ungeziefer. Toilette eben noch funktionsfähig. Frau A. hält auf 40 qm zahlreiche verwilderte Katzen, die nicht stubenrein sind.

Siebenundvierzig Quadratmeter, korrigierte Olga lautlos in ihrem Kopf.

Wie viele Kätzchen haben Sie denn?, erkundigte sich Frau Schwarz sehr laut, mit geheucheltem Interesse, doch Olga beachtete sie nicht und spitzte die Ohren.

Frau A. wurde von uns im Schrank sitzend vorgefunden. Sie wirkt verwahrlost, ihre äußere Erscheinung und Kleidung sind ungepflegt. Auffällig ist der depressive Zustand mit Antriebshemmung und Resignation. Sie scheint mit ihrem sozialen Abstieg respektive ihrer Sozialhilfebedürftigkeit nicht zurechtzukommen. Auf die Arbeitslosigkeit hat sie mit dem Abbruch aller Sozialkontakte, auch zu ihren Kindern, reagiert. Laut Auskunft der Vermieter öffnet sie für niemanden die Tür und verlässt die Wohnung so gut wie gar nicht mehr. Sie ignoriert die Post im überquellenden Briefkasten und scheint nicht imstande, ihre finanziellen Angelegenheiten zu ordnen.

Acht, sagte Olga rasch, um die Frau neben ihrem Bett zum Schweigen zu bringen. Acht Katzen. Das Grauen breitete sich von der Mitte in die Gliedmaßen, von innen nach außen über ihren ganzen Körper aus. Sie zitterte.

Ist Ihnen nicht gut?

Frau A. ist wenig kooperativ, sie nimmt nur einsilbig bis widerwillig Stellung. Sie ist zu Ort und Zeit deutlich, zur Situation nur unscharf orientiert. Krankheitseinsicht besteht nur bedingt. Frau A. ist aufgrund ihrer Depression und der damit verbundenen massiven Antriebsstörung nicht mehr in der Lage, ihren Alltag zu bewältigen.

Finden Sie nicht selber, dass das ein bisschen viele Katzen in einer so kleinen Wohnung sind?

Oh du blöde Klugscheißerin!

Plötzlich begriff Olga, dass der Amtsarzt vermutlich gar nicht telefonierte, dafür waren die Pausen zwischen Satzstücken und ganzen Sätzen viel zu kurz. Er sprach mit großer Wahrscheinlichkeit in ein Diktiergerät. Er diktierte einen Bericht über sie!

Die Einrichtung einer Betreuung gemäß § 1896 BGB halte ich für erforderlich. Hilfsmöglichkeiten, die eine Betreuung ganz oder teilweise entbehrlich machen würden, bestehen nicht. Der Sohn lebt in Australien. Zur Tochter besteht laut Auskunft der Vermieter seit Jahren kein Kontakt. Frau A. wünscht ausdrücklich, dass die Tochter nicht von uns über ihre gegenwärtige Situation unterrichtet wird. Frau A. ist zurzeit nicht imstande, sich selbst die notwendige Hilfe zuzuziehen. Die Betreuung sollte die Bereiche Wohnungs- und Vermögensangelegenheiten umfassen.

Ich möchte am liebsten sterben. Dann wär's auf einmal still.

Eine Überprüfung der Betreuungsnotwendigkeit nach einem Jahr halte ich für sinnvoll.

Das monotone Flüstern in der Küche verstummte abrupt. Olga dachte: Dies geschieht nicht wirklich. Sie kniff die Augen so fest zusammen, dass sie schmerzten, und sie würde sie nicht mehr öffnen, bevor sie nicht alle wieder aus ihrer Wohnung verschwunden waren. Zum Glück würden die heute noch einmal weggehen und sie allein lassen. Sie musste allein sein, um einen klaren Gedanken fassen zu können. Sie hatte begriffen, dass man sie vorerst nicht mitnehmen würde. Sonst hätte Frau Schwarz den Müllcontainer am nächsten Morgen nicht erwähnt. Das ließ ihr einen klitzekleinen Aufschub. Vielleicht gab es doch noch einen Ausweg, eine Flucht, eine allerletzte Lösung.

Na, geht es Ihnen wieder besser?, fragte mit falscher Freundlichkeit Dr. Greiff von der Schlafzimmertür her.

Olga öffnete brav die Augen und nickte. Lydia Schwarz wollte dem Arzt am Bett Platz machen, doch der winkte ab. Wollte es offenbar auch schnell hinter sich bringen.

Dann lassen wir Sie jetzt allein, Frau Assmann. Frau Schwarz hat Ihnen sicher gesagt, dass sie morgen früh kommt, um Ihnen beim Aufräumen zu helfen. Das wird wohl ein paar Tage dauern. Punkt acht Uhr. Vergessen Sie nicht, ihr aufzumachen! Er drohte schelmisch mit dem Finger.

Frau Schwarz hier wird Ihnen auch in Zukunft immer mal wieder unter die Arme greifen, wenn es darum geht, Ordnung zu halten. Sie sind doch einverstanden? Sie sehen doch ein, dass Sie Hilfe brauchen?

Olga nickte gehorsam Zustimmung, einmal, zweimal, dreimal, sie nickte noch immer, als die beiden das Schlafzimmer längst verlassen hatten. Der Polizist schien schon länger verschwunden. Sie lag noch eine Weile wie betäubt, bis die Schritte im Treppenhaus verhallt waren. Dann rannte sie zur Tür. Sie wusste nicht, wo ihr Schlüssel war, ob das Schloss überhaupt noch funktionierte. Doch Gott sei Dank war da noch die Türkette, die sie einhängen konnte.

24. AUSTRALIEN

Türkette vorlegen. Zur Sicherheit noch ein paar Kartons vor die Türe schieben. Dann flüchtete sie wieder zurück ins Bett. Bibbernd zog sie das Deckbett über den Kopf. Sie fror so viel neuerdings, fror jetzt immer noch, obwohl sie vollständig bekleidet war, seit Tagen weder aus- noch umgezogen, die alte, zwischen den Oberschenkeln aufgescheuerte dunkelblaue Jogginghose, einen langen grauschwarz gemusterten Wollrock darüber, den dunkelroten Rollkragenpulli, die Patchworkweste, eine lange braune Strickjacke. Natürlich hätte sie sich heute Morgen etwas Anständiges angezogen, wenn sie geahnt hätte, was ihr bevorstand. Doch das hätte auch nichts am Ablauf der Ereignisse geändert.

Es mochte inzwischen Mittag sein oder früher Nachmittag, sie war gänzlich ausgeleert, wie leergesaugt, am liebsten wäre sie immer bloß so liegengeblieben, bis ans Ende der Zeit, nie wieder aufstehen. Sie musste aber unverzüglich Entscheidungen treffen, jetzt ganz schnell handeln, denn die Abrissbirne in Gestalt von Lydia Schwarz war ja schon unterwegs zu ihr. Es gab keinen sicheren Zufluchtsort mehr zwischen dem Nicht-mehr und dem Noch-nicht. Die Zeit, in der sie noch über sich selbst verfügen konnte, zerrann sichtbar, auch wenn sie die Augen fest geschlossen hielt.

Auf einmal hatte sie schreckliche Sehnsucht nach Viola. Sollte sie ihre Tochter um Hilfe bitten? Wenn die morgen dabei wäre, müsste sie nicht halb so viel Angst haben. Viola war stark und selbstbewusst, all das, was sie, Olga, nie gewesen war. Sie würde allen Institutionen dieser Welt die Stirn bieten, sich von keinem Doktor und keinem Amt etwas vorschreiben lassen. Sie würde auch eine Entmündigung verhindern – denn darauf lief es ja hinaus mit dieser Betreuerin. Allemal besser, von Viola herumkommandiert zu werden als von einer fremden Frau. Viola würde sie vor Übergriffen von Frau Schwarz beschützen.

Aber dann stellte sie sich Violas Reaktion beim Anblick ihrer Wohnung vor, angewidert, und schaudernd sah sie den harten Blick ihrer Tochter auf sich gerichtet. Sie würde Violas Verachtung nicht ertragen können.

Ist dir kalt, mein Engel, willst du nochmal bei Mama unter die Decke schlüpfen?

Wie alt war die Kleine damals, sieben, acht? Oder schon älter?

Ich friere überhaupt kein bisschen!

Wie sie wild den Kopf geschüttelt hatte, mit hochgezogenen Schultern und zusammengepressten Lippen. Nie würde Olga diesen Blick vergessen. Das war, da gab es keinen Zweifel, unverhüllte Abscheu. Und bei der schrecklichen Auseinandersetzung damals hatte Viola ihr das auch unmissverständlich an den Kopf geworfen.

Wir mussten herhalten, weil du das Alleinsein nicht ertragen hast! Du wolltest immer, dass ich zu dir ins Bett komme, auch als ich schon viel zu alt dafür war. Ich fühlte mich erdrückt: Du so ein großer Fleischberg und ich klein und schmächtig.

Aber ich hab wirklich geglaubt, du frierst, stammelte Olga. Du standest bibbernd im Flur mit nackten Füßen auf den kalten Fliesen.

161

Zuletzt habe ich mich sogar vor deinem Körpergeruch geekelt!

Olga schlug die Hände vors Gesicht. Sie ertrank in einer Welle von Scham, als sie an diese Szene dachte. Als wäre es gestern gewesen. Nein, sie konnte Viola nicht anrufen. Weglaufen. Einfach weglaufen. Zu Paul. Ans andere Ende der Welt.

Paul. Ja natürlich.

Sie würde sich an Paul um Hilfe wenden. Er war ihre Zuflucht. Er musste nicht einmal genau erfahren, um was es ging. Ein so guter Junge, stets zuverlässig, war sie nie aggressiv angegangen wie Viola. Schon als kleiner Junge war er ihre Stütze gewesen. Sie sah ihn vor sich, wie er ernsthaft, mit dem Ranzen auf dem Rücken, morgens den Schulhof überquerte, sich umdrehte und zu ihr zurückwinkte. Die anderen Jungen rannten, stießen sich, alberten herum. Klein-Paul zog unbeirrt von solchen Dummheiten an ihnen vorüber. Zwar hatte er nicht so ein strahlend ungebrochenes Selbstbewusstsein wie Lars. Er war auch körperlich nicht halb so stark, so sportlich oder so abenteuerlustig wie ihr Bruder, sondern eine halbe Portion, mager und ernst. Aber Paul kam zum Glück auch nicht auf ihren Vater. Er war das Gegenteil von einem Versager, von Kind auf strebsam, ehrgeizig, gut angepasst.

Paul war ihr Trost gewesen, als Viola sich in der Pubertät so schroff von ihr abwandte. Danach war es allerdings auch mit Viola wieder leidlich gegangen, vielleicht sogar immer besser. Bis Flöckchen auftauchte und die Kluft zwischen ihnen unüberbrückbar vertieft hatte.

Paul anrufen.

Sie würde die Aufräumaktion von Frau Schwarz morgen fürs Erste geduldig über sich ergehen lassen, beschloss Olga, damit die keinen Verdacht schöpfte. Obwohl es sicher furchtbar sein würde, hilflos mit ansehen zu müssen, wie diese fremde Frau in ihrem Leben herumwühlte. Sie musste die Demütigung ohne Gegenwehr erdulden, musste einstweilen ertragen, dass die ihr alles nahm, was ihre Person ausmachte. Doch insgeheim würde sie schon ihre Flucht vorbereiten. Sie würde sich nicht entmündigen lassen, niemals. Lieber der Balkon. Oder der Bahndamm.

Doch so weit würde es nicht kommen, denn da war noch Paul in Australien. Er hatte ihr ohnehin das Flugticket für die Hochzeit schenken wollen. Es dürfte ja nicht so schwierig sein, das ein bisschen vorzudatieren. Und selbst wenn sie ihr die Vollmacht für ihr Sparkonto entzögen: Da war ja noch der Rest ihrer geheimen Barschaft, über 7.000 Euro, die eiserne Reserve unter dem Bett. Sie kletterte aus den Kissen, ging in Hockstellung, kniete, kramte mit langem Arm den Schuhkarton mit dem Stoffbeutel unter dem Bett hervor, in dem sie das Geld aufbewahrte, das sie noch einmal genau zu zählen begann. Hier einfach alles stehen und liegen lassen. Immerhin 7.132 Euro. Der Ausweg aus Scham und Schande. Das sollte doch reichen für den Anfang. Bis sie einen Job gefunden hatte und eine kleine Wohnung, konnte sie sicher vorübergehend bei Paul unterkommen. Er hatte reichlich Platz, hatte er erzählt. Sie würde ganz von vorn anfangen. Den fünfzigsten Geburtstag mit ihrem Sohn am anderen Ende der Welt begehen. Ein neues Leben in Sydney. Dort bekam man Arbeit. Und fünfzig war ja wirklich noch nicht alt. Paul würde auch wissen, welche Papiere man für die Ausreise, für die Einwanderung brauchte, wo und wie sie an die nötigen Unterlagen käme. Vielleicht könnte er sogar das meiste von dort aus regeln, während sie schon als Besucherin im Lande war.

Paul, könntest du vielleicht …

Hallo, Mama! Wie schön, dass du mal anrufst. Und gut zu hören, dass es dir wieder besser geht, das war ja wirklich eine schlimme Erkältung! Warte, ich rufe dich zurück, dann wird es nicht so teuer für dich.

Paul, ich dachte …

Also, du klingst wieder ganz gesund. Da bin ich aber froh. Hast du denn einen besonderen Wunsch zum Fünfzigsten?

Paul, du wolltest mir doch das Flugticket … für eure Hochzeit …

Na klar, Mama, schicke ich dir rechtzeitig. Aber das ist ja kein Geburtstagsgeschenk, das bekommst du so von uns! Wir freuen uns doch so sehr, wenn du dabei bist. Wir dachten daran, den Flug für euch am 4. Juni zu buchen, dann habt ihr den Jetlag beim Hochzeitsfest am 6.6. schon überstanden und könnt richtig genießen. Und der Rückflug am 8. oder 9. Juni, wäre dir das recht?

Ich habe gedacht … Ob es nicht schon ein bisschen eher ginge …

Eine kurze Pause trat ein.

Na klar, du willst auch was von Sydney sehen, wenn du einmal da bist. Es ist nur so, dass wir vorher alle Hände voll zu tun haben, mit den Vorbereitungen für das Fest, und danach kann ich mir nicht mehr frei nehmen und Doreen auch nicht. Du wärst also auf dich allein angewiesen. Hast du mit Viola gesprochen, wird sie mit dir reisen? Das wäre prima, dann könntet ihr nämlich anschließend einen Wagen nehmen und ein bisschen im Land herumfahren. Ohne Auto, ganz auf dich gestellt, hast du nicht viel davon. Wie lange wolltest du denn hier Urlaub machen?

Paul, ich dachte … Es ist so … Für länger, dachte ich. Also, natürlich nicht bei euch, aber könntest du mir nicht eine kleine Wohnung …? Ich hab zwar nicht mehr viel Geld. Aber ich könnte doch auch in Sydney arbeiten. Vielleicht für immer. Du weißt, mein Englisch ist ziemlich gut.

Sie sprach jetzt schnell und immer schneller.

In deiner, in eurer Nähe, dachte ich. Dann könnte ich doch auch auf das Kleine aufpassen, wenn ihr arbeiten geht, ihr müsstet nicht extra eine Kinderfrau nehmen. Ich würde euch bestimmt nicht zur Last fallen. Du weißt, ich bin es gewohnt, allein zu leben und komme gut zurecht. Du müsstest mir nur vielleicht am Anfang ein ganz bisschen unter die Arme greifen, finanziell, meine ich. Du weißt doch, dass mein Englisch einigermaßen ordentlich ist. Ich würde mich bestimmt bald zurechtfinden.

Nachdem sie selbst bemerkte, wie sie sich zu wiederholen begann, verstummte sie.

Das Schweigen, das ihr jetzt vom anderen Ende der Welt entgegenschlug, war beinahe unerträglich.

Schließlich sagte Pauls Stimme ganz nah an ihrem Ohr, obwohl er doch in Australien war: Ich halte das für keine gute Idee, Mama.

Er sagte: Genau genommen ist es völlig unmöglich.

Er sagte: Wie stellst du dir das überhaupt vor? Hast du gedacht, man könnte so einfach aus Deutschland heraus- und hier hereinspazieren? Es ist gar nicht so einfach, in Australien einzuwandern. Man braucht vorher einen Job, eine Einreisegenehmigung. Und selbst, wenn wir uns dahinterklemmen würden: Es wäre bestimmt nicht gut für dich. Du hast doch deine sozialen Wurzeln in Deutschland.

Nun war es Olga, die keinen Ton mehr herausbrachte. Sie hielt den Hörer fest umklammert, sie stützte sich mit beiden

Ellbogen auf dem Küchentisch ab, sackte nach und nach mit dem Oberkörper auf das herumstehende Geschirr, am Telefon festgefroren.

Bist du noch da, Mama? Paul redete besänftigend. Ich kann deine Gefühle ja verstehen, und natürlich ist das irgendwie richtig lieb gedacht von dir. Du willst gern in der Nähe deines Enkelkindes sein, es aufwachsen sehen. Aber glaub mir, solche sentimentalen Entscheidungen tragen nicht. Lieber richten wir es so ein, dass du uns öfter besuchen kommst, wenn der Kleine einmal da ist.

Das Telefongespräch hatte nicht an dieser Stelle aufgehört. Olga sagte noch etwas, ihr war noch irgendwas eingefallen, und Paul sagte auch noch etwas, vielleicht gingen Rede und Gegenrede sogar noch zweimal hin und her, doch Olga konnte sich schon währenddessen an nichts mehr erinnern und erst recht nicht mehr danach.

Es war jedenfalls eine endlos lang scheinende Zeit vergangen, als ihr bewusst wurde, dass sie schon lange wieder im Bett lag, dass sie schon viel länger nichts mehr gegessen, aber erstaunlicherweise überhaupt keinen Hunger hatte und dass jetzt nur noch ein Ausweg blieb.

25. BAHNDAMM

»Habe nichts mehr zum Verlieren.

Habe schon alles verloren«,

schrieb Olga auf den Zettel, den sie auf das Bett legte, bevor sie endgültig die Wohnung verließ. Sie nahm außer den Tabletten und der Plastikflasche mit Wasser – uh, war die schwer, sie hängte die langen Schlaufen der Stofftasche über die Schulter – nur ihre beiden schönsten Steine mit, einen in der rechten, den anderen in der linken Manteltasche.

In der Tür kehrte sie noch einmal um. Sie konnte nicht einfach so gehen, ohne nicht wenigstens noch einmal Violas Stimme gehört zu haben. Sie zögerte, wählte die Nummer, legte gleich in Panik wieder auf. Hielt inne. Wählte noch einmal und hielt den Atem an. Wenn Flöckchen dran wäre, würde sie sich tot stellen. Doch es war Viola, die sich meldete.

Hallo?

Olga brachte kein Wort hervor.

Hallo?

Es tut mir leid, dass ich alles falsch gemacht habe, flüsterte sie.

Mama?, fragte Viola. Was ist los, Mama?

Da hatte Olga schon aufgelegt. Sie schnaufte, keuchte, schluckte Tränen. Jetzt gab es kein Zurück mehr. Sie zog die Wohnungstür entschlossen hinter sich zu.

Die Kätzchen taten ihr leid. Doch vermutlich waren sie inzwischen schon so weit, dass sie mit Samantha über die Dächer fortlaufen und sich anderswo ein Zuhause suchen konnten.

Vielleicht mussten die Sätze auch in der umgekehrten Reihenfolge stehen:

»Habe schon alles verloren.

Habe nichts mehr zum Verlieren.«

Sie wusste selber nicht genau, an wen sich die Botschaft richtete. Nur jetzt niemandem mehr begegnen, dachte sie, während sie die Treppen hinunterschwankte. Sie war schon so lange nicht mehr vor der Haustür gewesen, dass die Welt da draußen ihr noch verwirrender und bedrohlicher geworden zu sein schien. Die Musik hat aufgehört zu spielen, dachte sie, als sie sich auf der Straße in Bewegung setzte, und das war ein komischer Gedanke, denn ihr fiel selber gleich auf, dass es doch gar keine Musik gegeben hatte. Es war grau und regnerisch und reichlich kühl für einen Tag Ende April, was ihr ja eigentlich nur recht sein konnte.

Den schwarzen Stein in der linken Tasche hatte ihr Papa geschenkt, kurz vor seinem Tod. Aus Russland, hatte er ihr anvertraut. Vom nächsten Straßenrand, behauptete Mutter verächtlich. In der linken Tasche hielt sie den roten Stein umklammert, den Lars ihr von seinem ersten Motorradurlaub mitgebracht hatte, aus dem Roussillon in Südfrankreich. Da war er achtzehn und Olga dreizehn, und er hatte in einen der roten Felsen »L & O« geritzt.

Lars war die Sonne, Olga der Mond. Großmamas Gesicht leuchtete immer auf, wenn Lars von der Schule kam, laut vor sich hinpfeifend, schon im Flur erzählend. Der Junge ist zu geltungsbedürftig und überdreht, sagte Papa, die Stirn runzelnd. Der Junge ist so temperamentvoll und intelligent, seinem Alter weit voraus, sagte Großmama strahlend zu Mutter, und Mutter und Olga sahen das genauso. Lars schrieb gute Noten, wenn er wollte, und als er eine Zeitlang nicht wollte, blieb er eben sitzen und wiederholte das Schuljahr. Es hieß, er sei intelligent und faul, er wickelte die Lehrer fast sämtlich ein mit seinem Charme, war immer der Beste im Sport und wurde in der Mittelstufe dreimal hintereinander zum Klassensprecher gewählt, weil er so beliebt war. Olga war ein niedliches kleines Mädchen, schüchtern und verträumt, etwas langsam im Begreifen, gutwillig, aber ein bisschen träge, meistens fleißig und gewissenhaft, nur eben leider so unordentlich. Auch Lars war unordentlich, doch bei ihm galt das als Zeichen von Kreativität und Genialität, worauf bei Olga niemand gekommen wäre.

Mutter war meistens der gleichen Ansicht wie Großmama, und beide sahen sie die Dinge grundsätzlich anders als Papa. Olga fand es verständlich, dass sie Lars ein bisschen mehr liebten als sie, er war ja der Erste, der Junge, der Große und Besondere, und sie nur das kleine Mädchen.

Wegen des späten Wintereinbruchs im März, mit lang anhaltendem Frost und sogar reichlich Schnee, waren die meisten Bäume immer noch kahl, nur die Büsche schon grün, doch selbst die frischen Blätter wirkten bereits schmutzig grau, wie überdrüssig. Am Straßenrand, kurz bevor sie in die Parkanlage vor dem Altenheim bog, um durch das Wäldchen zum Bahndamm zu gelangen, las sie auf einer riesigen Plakatwand den Werbeslogan einer Versicherung: »Was immer geschieht – Sie haben ja uns!« Das brachte Olga beinahe zum Lachen.

Was immer geschieht – Sie haben ja uns! Es würde jetzt rasch dunkel werden.

Jedes Mal, wenn sie an diesem Gebüsch vorübergegangen war, hatte sie sich gefragt, wo man sich hier im Notfall verstecken könnte. Sie dachte an den Mann, der im Wald verhungert war, nur eine halbe Stunde von einem Dorf entfernt. Sie hatte es in der Zeitung gelesen. Er hatte sich auf einem Hochstand verborgen und einfach aufgehört zu essen und zu trinken, und er hatte alles, was er dachte und fühlte, während er starb, in sein Tagebuch notiert, das für die Tochter bestimmt war. Die Tochter wollte es dann aber gar nicht haben, als die Polizei es ihr überbrachte. Sie hatten den Leichnam erst eine geraume Weile nach seinem Tod gefunden.

Nichts essen und nichts trinken – das würde sie nicht schaffen. Auch nicht so wie Papa – das bekäme sie schon gar nicht fertig. Aber der Bahndamm. Der bot genau genommen zwei Möglichkeiten: die für Mutige, den raschen grausamen Weg – wobei es ja wahrscheinlich so schnell ging, dass man gar keine Zeit hatte, Schmerzen zu fühlen. Oder die für Feige, den schmerzlosen langsamen Weg. Dazu brauchte es bloß ein bisschen mehr Zeit, als sie zu Hause, in ihrem eigenen Bett noch haben würde.

Olga, am Bahndamm angekommen, sah sich um. Es war schon dämmerig, in einer halben Stunde würde es richtig dunkel sein, niemand würde mehr vorbeikommen, und das war ja auch gut so. Falls doch, dann würde man sie hier vom Weg aus nicht mehr sehen. Sie ließ sich auf einen alten Autoreifen fallen. Hinfallen und nicht wieder aufstehen.

Bei Stalingrad gefallen, dein Opa Wilhelm, so ein guter Mann, sagte Großmama und schniefte ein bisschen vor sich hin, warum musste er bloß in Russland bleiben?

Ja, warum? Olga war noch klein. Warum ist er denn da geblieben?

Er ist gefallen!, wiederholte die Mutter mechanisch, in Gedanken ganz woanders.

Warum ist er dann nicht wieder aufgestanden und nach Hause gegangen?, fragte Olga hartnäckig weiter. Fallen tat sie selber oft genug, es tat zwar manchmal ziemlich weh, aber eigentlich stand man doch immer wieder auf und lief weiter.

Gefallen heißt tot, du Dummerchen, sagte Mutter, der Opa Wilhelm war tot, er konnte nicht mehr wiederkommen.

Gefallen hieß also: so hinfallen, dass man nicht wieder aufstehen konnte. Nachdem Olga sich nach so manchem Fall im Leben immer wieder aufgerappelt hatte und irgendwie weitergetrottet war, nun aber endgültig den Punkt erreicht hatte, wo sie keine Kraft mehr fand, weiterzukrabbeln, erinnerte sie sich daran.

Der Autoreifen war gut zum Sitzen, doch er taugte nicht zum Liegen. Sie drückte sorgfältig alle Tabletten aus der Folie, die sie besaß, es waren etwa fünfzig, und schluckte jeweils eine Handvoll, fünf bis acht auf einmal, wobei sie reichlich mit Wasser nachspülte. Damals, als die Mutter endgültig ins Hildegundisspital übersiedelte, hatte sie sämtliche noch vorhandenen Schlaf- und Schmerztabletten unauffällig beiseitegeschafft, für alle Fälle, und sie bis heute zusammen mit dem Geldbeutel unter dem Bett aufbewahrt. Bei einigen Packungen war das Haltbarkeitsdatum bereits abgelaufen, demnach war es also höchste Zeit. Sie hoffte, dass sie trotzdem noch wirkten.

Erst als sie alles geschluckt und die Flasche geleert hatte, sah sie sich gründlicher um an der Böschung unterhalb des Bahndamms. Sie fürchtete sich ein bisschen in dieser abgerissenen, verlorenen Gegend, die sie sonst im Dunklen immer gemieden hatte. Doch sie beschwichtigte sich damit, dass sie, bevor sie beginnen würde, sich richtig zu fürchten, davon schon gar nichts mehr merken würde. Hätte sie es doch bloß zu Hause, in ihrem eigenen Bett tun können! Sie mochte sich nicht auf dem mit Abfall übersäten Boden und den harten Wurzeln lang ausstrecken. Deine sozialen Wurzeln, hatte Paul gesagt. Was für Wurzeln? Es gab immer nur Mutter und Großmama und Lars. Sie hatte nie richtige Freundinnen gehabt. Auf der Schule war da mal eine Eva-Maria, die hatte sie nach der Heirat mit Uwe aus den Augen verloren. Später gab es noch Uwe und die Kinder und für kurze Zeit die Schwägerin Gesine. In den Jahren mit Hans Walther blieb keine Zeit für Geselligkeit mit Kolleginnen, sie hatte auch kein Interesse daran. Der Kontakt, der sich mit den Team-Kolleginnen auf der späteren Arbeitsstelle anbahnte, ging verloren, als sie zu Hause blieb, um die Mutter zu pflegen.

Ihre sozialen Wurzeln bestanden aus einem Elternhaus, das nicht mehr existierte, denn es war, kaum verkauft, abgerissen worden, auf dem Grundstück hatte man ein zweigeschossiges Mehrfamilienhaus errichtet, sowie aus einem Doppelgrab, um das sie sich nicht kümmerte, Zentralfriedhof Nord, die Großmama lag über Lars und die Mutter daneben. Viola hatte freundlicherweise den Dauerauftrag für die Grabpflege übernommen, weil Olga sich weigerte, die Gräber zu besuchen. Zu Papas Grab, das einmal am äußersten Rand des Friedhofs gelegen hatte, war sie als junges Mädchen noch manchmal gegangen. Jetzt wusste sie nicht einmal mehr, in welcher Ecke das genau gewesen war, niemand hatte die Grabnutzungsfrist erneuert, als sie vor Jahrzehnten abgelaufen war.

Im Laub über ihr raschelte es. Ein großer schwarzer Vogel. Krähe. Saatkrähe, Nebelkrähe? Es war schon so dunkel, dass man längst keine Vogelstimmen mehr hörte, nur dieses unheimliche Knistern und Rascheln und Wühlen allüberall, wie von tausenden kleiner Nachtkäfer und Würmer. Krähen, Raben, Dohlen. Keine Ahnung, was genau der Unterschied war. Große düstere Vögel, die gewöhnlich in Riesenscharen herumziehen und herumspektakeln. Diese Krähe war allein wie sie. Auf einmal entstand in der feuchten Luft um sie herum ein summendes Geräusch, das rasch anschwoll, die Gleise vibrierten, über ihr auf der Böschung donnerte schwarz gegen den grauschwarzen Himmel ein Güterzug vorüber, begleitet von einem heftigen Windstoß. Nasses Papier klatschte ihr um die Ohren, sie erschrak so, dass sie beinahe geschrien hätte.

Es war Zeit, sich zu entscheiden: hoch zu den Gleisen – oder hier unten bleiben?

Ihr fiel ein, wie sie einmal im Traum, in der Zeit, als sie Mutter pflegte, vielleicht auch schon nach deren Tod, die Mutter aus dem Rollstuhl auf den Bahndamm gekippt hatte. Der Traum hatte sie damals sehr erschreckt.

Sie würde hierbleiben, unterhalb der Böschung.

Sie kam kaum von dem Autoreifen wieder hoch, am liebsten wäre sie so sitzengeblieben, doch es war höchste Zeit, sich einen Liegeplatz zu suchen, solange sie dazu noch einigermaßen imstande war, und bevor es ganz dunkel wäre. Der Reifen schien an ihrem Hinterteil zu kleben, als sie sich zur Seite in den Vierfüßlerstand wälzte. Nein, nicht die Bahngleise. Dazu war sie zu feige. Sie hatte die endgültige Entscheidung bis zum letzten Augenblick aufgeschoben. Der Boden hier war hart und steinig, übersät mit allerlei Unrat, doch ein paar Meter weiter erkannte sie die Umrisse einer alten Matratze. Vermutlich eine ekelhafte alte Matratze, die schon viele andere benutzt hatten, zum Übernachten oder für Sexspiele, aber doch besser als die

Bahngleise, und man durfte in dieser Situation wohl nicht zu anspruchsvoll sein. Wo sie in der Mitte aufgerissen war, quoll Innenleben heraus. Dass sie ziemlich verschmutzt war, konnte man bei den gegebenen Lichtverhältnissen nur ahnen. Was Olga mehr störte, während sie lang ausgestreckt auf dem Rücken liegend die Wirkung der Tabletten erwartete, war die Feuchtigkeit, die nach und nach durch ihren Mantel, durch die diversen Kleidungsschichten bis auf die Haut und durch die Haut hindurch in ihr Innerstes drang. Sie wünschte, sie hätte jetzt noch einen Schnaps zur Brust nehmen können, um nicht im allerletzten Augenblick so frieren zu müssen. Doch das Frieren gehörte dazu, und sie hätte jetzt eigentlich Mantel und Jacke öffnen oder ganz ausziehen sollen, um den Gang der Dinge zu beschleunigen. Sie war dafür schon zu müde.

Sonderbarerweise sah sie einen verbrannten Wald vor sich, was ja eigentlich gar nicht zu Feuchtigkeit und Frieren passte, lauter bizarre abgefackelte Bäume, es waren Birken, und verkohlte größere Baumstümpfe, die aus einem knöcheltief mit Asche bedeckten Boden hervorstaken. Die kleineren Baumstämme, die abstruserweise nach dem Brand stehengeblieben waren, reckten schwarze verdrehte, wie verrenkte Zweige in einen bleiernen Himmel, aus dem es, obwohl er eher weiß als grau war, zu schneien begann. Kein wirklicher Schnee. Es schneite Asche.

Weg mit Schaden!, rief die Großmama. Olga hatte nie so genau gewusst, was das bedeuten sollte. Warum warf man etwas weg, wenn man sich damit schadete? Großmama war eine große Wegwerferin. Sie hatte nach Papas Tod alles, aber auch alles weggeworfen, was an ihn erinnerte: seine Kleider und Schuhe, seinen Lieblingssessel, seine Bücher und Zeitungen, die Tasse, aus der er getrunken hatte, seine abgegriffene alte Aktentasche und die Landkarte von Russland, auch seine schwere, schwarz gerandete Brille, was Olga besonders schmerzte. Sie fand, man hätte ihm die Brille in den Sarg legen müssen. Großmama sagte: Was soll der Zimt?, wenn sie etwas überflüssig fand. Oder sie sagte: Fort mit dem Zinnober! Im Gartenhaus allerdings blieben die Dinge unberührt, wie sie zu Vaters Lebzeiten gewesen waren. Man schloss einfach die Türe ab, der Schlüssel verschwand, einerlei ob fortgeworfen oder verloren, und niemand ging dort je wieder hinein. Pillepalle!, rief die Großmama, wenn sie sich über etwas ärgerte. Papas Steine, von denen Olga ein paar hatte retten können, waren auch Pillepalle, die hatten sie seither durchs Leben begleitet. Mit dem Alter wurde Großmama etwas milder.

Komm auf meinen Schoß, Prinzessin!, sagte Papa schmeichelnd.

Ja, Papa, ich komme. Ich komme jetzt zu dir.

Nicht so, Prinzessin. So nicht!

Erinnerst du dich noch, wie du die Arme nach mir ausgestreckt hast?

Nein! Tu es nicht, Prinzessin.

Jetzt weiß ich, wie dir zumute war.

Du nicht, Häschen! Nicht auch du.

War das die Mutter, die da sprach?

In genau vierzehn Tagen wäre sie fünfzig geworden.

NACHWORT

Ich habe in meinem Leben eine Menge abenteuerlich unordentlicher Wohnungen gesehen. Sie schienen mir meist nur exotisch, solange ich nicht selbst dort hausen musste. Bis zu meiner ersten Berührung mit dem Messie-Syndrom, noch bevor mir das Wort überhaupt begegnet war: Nach einem Zufallsblick in das Zimmer eines depressiven Teenagers konnte ich mich des Gefühls nicht erwehren, dass da jemand im Begriff war, unterzugehen, wenn nicht bald Hilfe käme.

Der konkrete Anlass, dieses Buch zu schreiben, war eine Begegnung mit einer Messie-Frau, der Freundin einer Freundin. Sie ging zu diesem Zeitpunkt noch ihrem Beruf nach und funktionierte nach außen hin einigermaßen, doch man konnte fühlen, dass sie am Rande eines Zusammenbruchs stand. Ich nannte die voluminöse Frau mit dem hilflosen Kindergesicht bei mir Olga. Von der gemeinsamen Freundin, die vergeblich versucht hatte, ihr zu helfen, erfuhr ich, wie es bei Olga zu Hause aussah. Aufgewühlt durch die Begegnung mit dieser Frau begann ich, die Fachliteratur zu studieren.

In der vorliegenden Geschichte habe ich Olgas Biographie mit der einer anderen betroffenen Frau überblendet, die mir wenig später in einer Selbsterfahrungsgruppe für Trauernde begegnete. So ist Olga A. zwar eine fiktive Person, doch ihr Leben hätte genau so verlaufen können, wie ich es hier erzählt habe.